TU TRONO
VIVIENDO EL PROPOSITO
QUE DIOS TIENE PARA TI

JOHN W. STANKO

UrbanPress
INTERNACIONAL

CONTENIDO

INTRODUCCIÓN

Este libro es el segundo de una serie de tres volúmenes sobre la vida del rey David, el héroe de Dios del Antiguo Testamento y todavía el campeón del Israel moderno. Piensa en eso. Un hombre que vivió hace más de 3.000 años sigue vivo en los corazones y las mentes de toda una nación. Su bandera, fácil de reconocer, presenta la estrella de David y su presencia en la cultura y el pensamiento judíos es imposible de pasar por alto. Sin embargo, él no es solo un hombre del Antiguo Testamento, porque también es un hombre de la Iglesia. Ha proporcionado a los creyentes una gran cantidad de valiosos materiales de predicación y enseñanza a través de una emocionante historia de vida, así como un amplio trabajo en los Salmos que aún da forma a nuestra adoración y vida devocional.

Probablemente tenemos más información sobre la vida de David que cualquier otra persona en la Biblia, al menos a mí me parece así. Lo seguimos desde que era un adolescente hasta el día de su muerte. Su historia está registrada en casi la mitad de los salmos, pero también en Primer y Segundo libro de Samuel y Primer libro de Crónicas. El legado de David incluyó los planes y la financiación del Templo, la pieza central de la vida judía durante el año 70 d.C.

Puesto que el Mesías vendría de la tribu y la casa de David, se consideraba que el ungido era el Hijo de David. Por supuesto, Jesús cumplió con ese requisito y compartió esto con Sus discípulos:

> Entonces él les dijo: ¡Oh insensatos, y tardos de corazón para creer todo lo que los profetas han dicho! ¿No era necesario que el Cristo padeciera estas cosas, y que entrara en su gloria? Y comenzando desde Moisés, y siguiendo por todos los profetas, les declaraba en todas las Escrituras lo que de él decían . . . Y les dijo: Estas son las palabras que os hablé, estando aún con vosotros: que era necesario que se cumpliese todo lo que está escrito de mí en la ley de Moisés, en los profetas y en los salmos" (Lucas 24:25-27, 44).

David había escrito y profetizado acerca del Mesías y Jesús habría explicado a los discípulos cómo lo que David escribió se relacionaba con Él y Su misión. En el Nuevo Testamento, David es mencionado en numerosas ocasiones y uno de sus salmos, el Salmo 110, es el más mencionado en el Nuevo Testamento, junto con el Salmo 2, que él pudo haber escrito.

Dije todo lo anterior para llegar a esto: Podemos aprender mucho de la vida de David hoy porque Dios compartió gran parte de su vida con nosotros para aprender. En nuestro primer volumen, que titulé *Entrenando para Reinar*, vimos cómo Dios preparó a David para su papel principal, que era el de rey de Israel. Observamos los diversos eventos que condujeron a la coronación de David y cómo pueden aplicarse a nuestras vidas ahora, porque a nosotros también se nos ha dado la tarea de reinar en la vida como preludio de nuestro papel final en la era venidera. Pablo escribió que ya estamos sentados en lugares celestiales con Cristo, por lo que mi esperanza en el primer volumen era ayudarles a entender la realidad de esta verdad y ver los desafíos por los que han pasado o están pasando ahora como parte de su preparación para gobernar con Cristo, ahora y en la era venidera.

Ahora, en este segundo volumen, veremos las lecciones de vida que podemos aprender del tiempo de David en el trono. Mi objetivo es simple, y es ayudarte a entender que una vez que estés preparado para reinar y tengas una posición de autoridad o responsabilidad, todavía hay lecciones que aprender y desafíos que enfrentar. Una cosa es entrar en lo que Dios tiene para ti; otra muy distinta es mantener y hacer crecer lo que Él tiene para ti.

Estoy definiendo tu trono como el lugar donde das fruto e impactas la vida de los demás, un lugar o posición desde la cual oras y obtienes respuestas, donde Dios te ha dado alguna medida de poder y autoridad sobre la obra a la que te ha llamado. Esto me hace pensar en Efesios 2:6-7: "y juntamente con él nos resucitó, y *asimismo nos hizo sentar en los lugares celestiales con Cristo Jesús*, para mostrar en los siglos venideros las abundantes riquezas de su gracia en su bondad para con nosotros en Cristo Jesús" (énfasis añadido).

Mi propio trono implica publicar, escribir, viajar, hablar y una presencia vibrante en las redes sociales. Cuando me dedico a esas actividades, siento la presencia de Dios. Él me da ideas creativas y estoy en el fluir de la vida, siendo quien Dios quiso que fuera y haciendo lo que Él me creó para hacer. He experimentado la realidad de las promesas de Jesús en el evangelio de Juan:

"De cierto, de cierto os digo: El que en mí cree, las obras que yo hago, él las hará también; y aun mayores hará, porque yo voy al Padre. Y todo lo que pidiereis al Padre en mi nombre, lo haré, para que el Padre sea glorificado en el Hijo. Si algo pidiereis en mi nombre, yo lo haré" (Juan 14:12-14).

He obtenido respuestas a mis oraciones cuando oro desde mi trono, pidiendo recursos o sabiduría para lograr lo que Dios quiere que haga. Yo conozco la verdad de lo que Jesús dijo en Juan 15 que es una continuación de Su sermón que acabamos de ver en Juan 14:

> "Yo soy la vid, vosotros los pámpanos; el que permanece en mí, y yo en él, este lleva mucho fruto; porque separados de mí nada podéis hacer. El que en mí no permanece, será echado fuera como pámpano, y se secará; y los recogen, y los echan en el fuego, y arden. Si permanecéis en mí, y mis palabras permanecen en vosotros, pedid todo lo que queréis, y os será hecho. En esto es glorificado mi Padre, en que llevéis mucho fruto, y seáis así mis discípulos" (Juan 15:5-8).

He sido fructífera y me ha traído una gran alegría, al mismo tiempo que me ha acercado a Dios y a vivir para Él. Ahora quiero compartir contigo algunos de los secretos (aunque son cualquier cosa menos secretos, pero tal vez rara vez se descubren) que te ayudarán a superar el miedo y la procrastinación para ocupar tu trono como yo vivo en el mío, y David lo hizo en su momento.

El formato de este libro es el mismo que el del primer volumen de esta serie. Los capítulos son cortos para animarte a leerlo de una sola vez. En casi todas las entradas, incluyo preguntas para ayudarte a reflexionar y aplicar lo que lees. Las preguntas están en **negrita** para que puedas identificarlas más fácilmente. Después, resumo lo que lees con lo que se llama un "Consejo del Trono" para asegurarme de que tengas clara la lección de ese capítulo. Al final del libro se incluye una lista completa de esos consejos para facilitar su revisión. Y, oh sí, comienzo los números de la lección en 27 porque había 26 lecciones en *Entrenamiento para Reinar*, y esta es una continuación de nuestras discusiones que comenzamos en ese libro.

Si estás familiarizado conmigo o con mi mensaje de vida, sabes que desde 1991 he tratado de ayudar a las personas de todo el mundo a encontrar su propósito de vida. Con ese fin, he escrito y desarrollado muchos recursos para equipar a las personas para su viaje de propósito. En 2005, amplié mi repertorio para incluir material sobre la creatividad divina o de Dios. Esos dos temas, junto con algunos otros, se manifestarán alta y claramente a medida que avances en los próximos 27 capítulos. He titulado este segundo volumen *Tu Trono: Viviendo el Propósito que Dios Tiene Para Ti*. Hay mucho que mirar y examinar, así que comencemos para que podamos seguir aprendiendo de la vida de un hombre que estaba cerca del corazón de Dios: el salmista, guerrero, rey y profeta David.

John W. Stanko
Pittsburgh, PA USA
Noviembre 2025

Traducido por:
Yair Herrera F.
Barranquilla, Colombia.
Noviembre 2025

ESTUDIO 27

JUEGO DE TRONOS

Hay mucho que podemos aprender de la vida de David. Al terminar *Entrenando para Reinar*, David acababa de ser nombrado rey de su tribu de Judá, un paso más hacia el cumplimiento de la promesa de Dios de que él sería rey de todo Israel. Sin embargo, ese siguiente paso lo llevó a entrar en conflicto con los descendientes de Saúl, su antiguo némesis, y David aprendió rápidamente que sus días de conflicto no habían terminado. Comencemos este nuevo tema observando lo que sucedió cuando David tomó el trono de Judá, la tribu de su familia.

CONFLICTO

Hace unos años, hubo una popular serie de televisión llamada *Juego de Tronos* que retrataba las batallas ficticias entre varias familias que competían por el poder y el trono. Pensaba en la situación de David cada vez que veía uno de esos episodios que retrataban la traición, la intriga, las conspiraciones, las guerras y la agitación familiar. Cuando David ascendió al trono de Judá, leemos

> De cuarenta años era Is-boset hijo de Saúl cuando comenzó a reinar sobre Israel, y reinó dos años. Solamente los de la casa de Judá siguieron a David. Y fue el número de los días que David reinó en Hebrón sobre la casa de Judá, siete años y seis meses (2 Samuel 2:10-11).

1

Is-boset y David eran dos reyes que trataban de gobernar en el mismo espacio sobre el mismo pueblo, y eso llevó a muchos conflictos. Una de esas batallas involucró a 12 hombres de ambos bandos que "se enfrentaron" en batalla, con el siguiente resultado: "Y cada uno echó mano de la cabeza de su adversario, y metió su espada en el costado de su adversario, y cayeron a una; por lo que fue llamado aquel lugar, Helcat-hazurim, el cual está en Gabaón" (2 Samuel 2:16).

Lo que siguió fueron más travesuras militares con hombres luchando y muriendo en ambos bandos, por todas partes sobre quién era el heredero legítimo del trono de Saúl, que Dios ya había determinado. Se nos dice: "Hubo larga guerra entre la casa de Saúl y la casa de David; pero David se iba fortaleciendo, y la casa de Saúl se iba debilitando" (2 Samuel 3:1).

LUCHANDO POR TU TRONO

En *Entrenamiento para Reinar*, vimos que la actitud de David era pasiva en lo que se refería a su trono, teniendo cuidado de no tomar el asunto en sus propias manos atacando o dañando a Saúl, a quien se refería como el ungido de Dios. Sin embargo, Is-boset no era el heredero que Dios quería y eso significaba que David podía pasar a la ofensiva. Era el momento de luchar por lo que le pertenecía por derecho. Puede que sea el momento de que tú hagas lo mismo.

Hace muchos años, sentí que lo que Dios me había prometido no estaba sucediendo. Estaba sirviendo en ministerios que no estaban interesados en lo que Dios tenía para mí, sino solo en lo que yo podía darles. Cuando finalmente tuve el coraje de partir, tuve que empezar de nuevo para entrar en lo que creía que Dios quería que hiciera. Recuerdo momentos de oración en los que clamaba a Dios y, literalmente, golpeaba el suelo con las manos y los pies.

Proclamaba a Dios y a los principados y potestades durante mis tiempos de oración que nadie podía tomar o robar mi herencia o trabajo ministerial. A pesar de que no estaba ni cerca de hacer lo que sentía que debía hacer, le di gracias a Dios por ello como si ya lo tuviera. Oré agresivamente y me enfrenté a todas y cada una de las fuerzas espirituales que intentaban retenerme o quitarme lo que era mío.

Con el tiempo, me volví más fuerte y más seguro. Dios me dio más discernimiento y sabiduría, y comenzaron a abrirse más puertas, pero esto no sucedió durante un período de meses, sino de años. Luego, finalmente, comencé a viajar y hablar y, mientras escribo este capítulo, acabo de terminar un viaje a tres naciones de África donde prediqué cuatro veces, dirigí un seminario en línea de tres horas y enseñé un total de 18 horas de capacitación en liderazgo, todo en ocho días. Estoy en mi trono, que para mí es el equivalente a cumplir mi propósito enseñando a otros cómo crear orden a partir de su caos.

Y ¿Qué hay de ti? ¿Estás en tu trono o en camino a alcanzarlo? ¿O estás atascado? ¿Esperas un viaje suave o estás dispuesto a competir, durante un largo período de tiempo si es necesario, por lo que es tuyo? Eso implicará tanto una preparación intensa como una guerra espiritual para ocupar el lugar que Dios te ha asignado. Pablo escribió en 1 Corintios 16:8-9: "Pero estaré en Éfeso hasta Pentecostés; porque se me ha abierto puerta grande y eficaz, y muchos son los adversarios".

Si alguien se interpone entre tu trono y tú, no es el momento de entrar en un juego de tronos, sino de perseguir seriamente el propósito que Dios te ha dado hasta que estés donde Dios quiere que estés. Es hora de pelear una guerra espiritual para reclamar y entrar en lo que es tuyo, lo que Dios te ha dado para hacer, donde Él quiere que lo hagas.

CONSEJO DEL TRONO
TU TRONO NO ES UN JUEGO,
SINO QUE ES UN ASUNTO SERIO
PARA QUE PUEDAS LOGRAR LA
ASIGNACION DE DIOS PARA TI. ESTO
PUEDE IMPLICAR MANTENERTE
FIRME Y LUCHAR CONTRA LAS
FUERZAS ESPIRITUALES QUE
PUEDEN OBSTACULIZAR U
OPONERSE A LA OBRA QUE DIOS
HA ESTABLECIDO QUE HAGAS.

ESTUDIO 28

VASIJAS DE BARRO

En el primer capítulo, vimos que David fue ungido rey de la tribu de Judá, pero que después de eso hubo una guerra constante entre su casa y los descendientes de Saúl. Con el tiempo, la casa de David se hizo más fuerte, mientras que la de Saúl se debilitó. Aquellos años de la ascensión de David al trono fueron tiempos tumultuosos, con cierta historia a la que prestamos poca atención. Sin embargo, echemos un vistazo a algunos de los "titulares" de esa época y veamos qué lecciones podemos aprender mientras luchamos por nuestro propio propósito, el lugar que Dios tiene para nosotros.

INTRIGA Y TRAICIÓN

En los primeros capítulos de 2 Samuel, leemos estos versículos junto con estos encabezamientos en la Biblia NVI:

- "Aquel día la batalla fue muy dura y los siervos de David derrotaron a Abner y a los soldados de Israel" (2 Samuel 2:17).

- "Como Asael no dejaba de perseguirlo, Abner le dio un golpe con la punta trasera de su lanza y le atravesó el vientre. La lanza salió por la espalda y ahí mismo Asael cayó muerto" (2 Samuel 2:23).

- "Una vez que Joab dejó de perseguir a Abner, regresó y reunió a todo su ejército para contarlo. Además de Asael, faltaban diecinueve de los soldados de David. Sin embargo, los soldados de David habían matado a trescientos sesenta de los soldados benjamitas de Abner" (2 Samuel 2:30-31).

- Encabezado: *Abner hace un pacto con David* (2 Samuel 3:6-21).

- Encabezado: *Joab (hermano de Asael) mata a Abner* (2 Samuel 3:22-32).

A pesar de que Dios había revelado Su voluntad para la nación y para David, el pueblo estaba atrapado en su forma de hacer las cosas, que implicaba derramamiento de sangre y hostilidad. Desafortunadamente, lo mismo es cierto en el siglo XXI, incluso en el trabajo de la iglesia (bueno, tal vez no el derramamiento de sangre, pero ciertamente la hostilidad). Pasamos por alto la verdad que se encuentra en 2 Corintios 4:7: "Pero tenemos este tesoro en vasos de barro, para que la excelencia del poder sea de Dios, y no de nosotros".

Hemos asumido que la presencia del Espíritu modificaría de alguna manera la tendencia humana a aferrarse y abusar del poder y la posición, pero es raro que alguien pueda superar los beneficios embriagadores del liderazgo para servir verdaderamente a los demás. Hemos subestimado constantemente cuán terrenales son nuestras vasijas y hemos sobreestimado la voluntad o la capacidad del Espíritu para anular las porciones de barro de nuestra naturaleza.

EL PODER VIENE DE DIOS

Una vez fui parte de un movimiento cristiano durante casi tres décadas. Soñaba con ser un líder en esa red, pero lo mejor que pude lograr fue el puesto de administrador debido a mi fuerte propensión a organizar y estructurar. Ni una sola vez nadie me preguntó cuál era mi visión del propósito de Dios en mi vida. Estaban contentos de que yo sirviera, sirviera y sirviera. Mi idealismo me llevó a creer que un día, los líderes darían un paso al frente y me otorgarían una posición de liderazgo como recompensa por años de servicio fiel, pero por desgracia, nunca sucedió. Sabía que si iba a cumplir mi propósito, tenía que salir de ese círculo de líderes y amigos, y así lo hice.

Entonces, un día en Durban, Sudáfrica, el Señor me habló en mi habitación de hotel y me dijo: "Lo que harás, nadie podrá atribuirte el mérito. Será obra mía". Eso era consistente con el versículo anterior: "para mostrar que el poder que todo lo supera es de Dios y no de nosotros". Dios ha cumplido Su palabra y aquí estoy hoy, el producto de Su creación, haciendo lo que Él me creó para hacer con poca ayuda de otros líderes. Todo ha sido Su obra para hacerme un lugar.

La lección para ti es que debes aprender a servir y guiar a las personas sin esperar que hagan lo que solo Dios puede hacer. Las personas (y eso te incluye a ti) siguen siendo "vasijas de barro" que te decepcionarán e incluso a veces te ignorarán o traicionarán cuando sus propios intereses se vean amenazados. Al final del día, no importa si mantienes tus ojos en Él y en el premio que Él ha prometido si continúas viendo a los demás como tu fuente de satisfacción o provisión. Cuando lo hagas, los recompensarás con tu lealtad, a veces a expensas de tu lealtad a Dios. Si ves a Dios como tu fuente, entonces Él será tu enfoque, simple y llanamente.

Al final del día, Dios siguió obrando a favor de David porque dijo cosas como: "En cuanto a mí, aunque me han ungido rey, soy todavía débil; no puedo hacerles frente a estos hijos de Sarvia. ¡Que el

Señor pague al malhechor según sus malas obras!"
(2 Samuel 3:39). David todavía contaba con el poder
de Dios para promoverlo al trono completo y unido
y, debido a que lo hizo, Dios se movió a su favor, a
pesar de que estaba rodeado de muchos seguidores y
oponentes impredecibles y poco confiables. Si Dios
hizo eso por David, también lo hará por ti, no importa cuántas veces las personas te decepcionen en el
camino. Así que mantén tu confianza en Él y haz lo
que sea que Él te haya dado para que lo hagas por Él
y solo por Él, con o sin el apoyo o los elogios de los
demás.

CONSEJO DEL TRONO
LAS PERSONAS (Y ESO TE INCLUYE
A TI) SIGUEN SIENDO "VASIJAS DE
BARRO" QUE TE DECEPCIONARAN
E INCLUSO TE IGNORARAN O
TRAICIONARAN CUANDO SUS
PROPIOS INTERESES SE VEAN
AMENAZADOS. POR LO TANTO,
DEBES APRENDER A SERVIR Y
GUIAR A LAS PERSONAS SIN
ESPERAR EN ELLAS PARA QUE
HAGAN LO QUE SOLO DIOS PUEDE
HACER.

ESTUDIO 29

ES BUENO SER EL REY

Al leer acerca de la continua lucha de David por ascender a su trono y su guerra con la casa de Saúl, su biógrafo insertó algunos versículos para que el lector supiera sobre el crecimiento de la familia de David durante sus siete años en Hebrón:

> Y nacieron hijos a David en Hebrón; su primogénito fue Amnón, de Ahinoam jezreelita; su segundo Quileab, de Abigail la mujer de Nabal el de Carmel; el tercero, Absalón hijo de Maaca, hija de Talmai rey de Gesur; el cuarto, Adonías hijo de Haguit; el quinto, Sefatías hijo de Abital; el sexto, Itream, de Egla mujer de David. Estos le nacieron a David en Hebrón (2 Samuel 3:2-5).

El escritor no hizo comentarios ni evaluó el crecimiento de la familia de David, sino que simplemente informó de los nacimientos de una manera práctica. Estos hijos se convertirían en una fuente de dolor para David y su reino, ya que crearían problemas que llevarían a una guerra civil y a la muerte de muchos de los súbditos de David, incluidos algunos de sus hijos. **¿Qué debemos pensar de estos pocos versículos concernientes a los seis hijos nacidos en Hebrón?**

SILENCIO

Al investigar un poco sobre este pasaje, los

comentaristas han escrito muy poco acerca de estos versículos e hijos. No pude encontrar un solo mensaje predicado sobre este pasaje o práctica. Parece que todo el mundo ha asumido que esta era la práctica de la época y David se dejó llevar por la tradición y la cultura y tomó múltiples esposas que le dieron hijos, como sin duda estaban haciendo todos los demás reyes de la región. Adicionalmente, incluso parece que Dios guardó silencio sobre la práctica, ya que en ningún momento ningún profeta llegó a desafiar a David hasta que cruzó la línea en su relación con Betsabé. Más sobre esa historia en los capítulos siguientes.

En una popular película de comedia hace años, la línea "Es bueno ser el rey" se repetía cada vez que los personajes reales de la película disfrutaban del beneficio de algo que no estaba disponible para la gente común. Parece que David disfrutaba de los beneficios de la realeza en su día. **Sin embargo, ¿fue esta práctica beneficiosa para David y su reino? ¿Era bueno ser el rey y hacer lo que uno quisiera?** Se nos dice en el versículo uno que "David se hizo más y más fuerte" y luego tenemos la lista de hijos, por lo que sus seis hijos obviamente fueron vistos como parte del crecimiento del reino de David a los ojos del historiador. ¿Era eso realmente cierto?

POSIBLES LECCIONES

Puesto que pocos han optado por abordar este hecho de la vida de David, permítanme tratar de extraer algunas lecciones de estos pocos versículos de la historia inspirada de Dios. Si lo miramos objetivamente, podemos decir que David era bueno para engendrar hijos, pero luego aprendemos que no era bueno para criarlos. Ninguno de los hijos, excepto Salomón, se distinguió como siervo de Dios e incluso Salomón llevó la práctica de su padre de muchas esposas a otro nivel cuando entró en alianzas matrimoniales políticas con cientos de mujeres.

A pesar de lo dotado y ungido que era David, estaba lejos de ser perfecto. Sus defectos, como los de cualquier líder, tuvieron ramificaciones para muchos más allá de su familia y fueron parte de la advertencia de Samuel a la gente cuando querían un rey en primer lugar:

> "Dijo, pues: Así hará el rey que reinará sobre vosotros: tomará vuestros hijos, y los pondrá en sus carros y en su gente de a caballo, para que corran delante de su carro; y nombrará para sí jefes de miles y jefes de cincuentenas; los pondrá asimismo a que aren sus campos y sieguen sus mieses, y a que hagan sus armas de guerra y los pertrechos de sus carros. Tomará también a vuestras hijas para que sean perfumadoras, cocineras y amasadoras. Asimismo tomará lo mejor de vuestras tierras, de vuestras viñas y de vuestros olivares, y los dará a sus siervos. Diezmará vuestro grano y vuestras viñas, para dar a sus oficiales y a sus siervos. Tomará vuestros siervos y vuestras siervas, vuestros mejores jóvenes, y vuestros asnos, y con ellos hará sus obras. Diezmará también vuestros rebaños, y seréis sus siervos. Y clamaréis aquel día a causa de vuestro rey que os habréis elegido, mas Jehová no os responderá en aquel día" (1 Samuel 8:11-18).

A pesar de lo especial que era David, era solo un hombre, no podía hacer mucho, solo podía llevar a la gente hasta cierto punto. Sin embargo, un día vendría uno de la línea de David que sería el Rey incomparable y guiaría a Su pueblo en gracia y verdad. Hoy, Israel ha decidido ser el pueblo de David, poniendo su esperanza en él para su identidad e imagen. Aquellos que han puesto su fe en Jesús lo han hecho rey, mirando más allá de la cultura y la tradición al Reino justo de Dios, que no tendrá fin, y tiene una forma de hacer sus negocios que no se parece en nada a los reyes de este mundo, incluso a David.

¿Has puesto tu fe en líderes que tomarán lo mejor de lo que tienes y de lo que eres y lo usarán para sus propios fines? ¿O has puesto tu confianza en el Rey de reyes? ¿Eres un siervo de Dios que ha adoptado las normas culturales de su época, o una persona que se inspira en Aquel que se despojó de sí mismo y tomó la forma de un siervo?

David es un hombre que vale la pena emular en muchos sentidos, pero no era perfecto. Opto por seguir a Aquel que es (perfecto en todos los sentidos) y permitirle que me enseñe a ser como David solo si es coherente con ser como Jesús. No llegaremos a todo lo que Dios tiene para nosotros si solo tenemos la justicia de David; necesitamos la justicia de Cristo. Y cuando tengas eso, podrás mantener tu trono porque Dios será el que lo mantenga.

CONSEJO DEL TRONO
COMO HAY MUCHO QUE EMULAR EN LA VIDA DE DAVID, HAY MOMENTOS EN LOS QUE ABUSO DE SU POSICION Y AUTORIDAD. ES POR ESO QUE ES MEJOR SEGUIR A JESUS, EL REY PERFECTO, SI QUIERES ESTABLECER Y MANTENER TU TRONO.

ESTUDIO 30

NO SE NECESITA AYUDA

Cuando David estaba esperando su trono sobre Israel, un joven vino a informar de la muerte de Saúl, indicando que él era el que había matado a petición de Saúl. Sin embargo, el joven mentía con la esperanza de ganarse el favor de David. David no quería saber nada de eso, y ordenó que el joven fuera ejecutado ya que no tenía el sentido en la mente de David de matar al ungido de Dios.

En este capítulo, veremos a dos hombres que decidieron operar con el mismo espíritu, pero esta vez fueron en realidad los que le quitaron la vida a un rey que se interponía entre David y la promesa de Dios. Veamos qué hizo David cuando se dio cuenta de sus acciones.

FINALMENTE

La casa de David había estado en guerra con los descendientes de Saúl después de que David se convirtiera en rey de Judá. El hijo de Saúl, Is-boset, estaba en el trono cuando leemos:

> Los hijos, pues, de Rimón beerotita, Recab y Baana, fueron y entraron en el mayor calor del día en casa de Is-boset, el cual estaba durmiendo la siesta en su cámara.

Y he aquí la portera de la casa había estado limpiando trigo, pero se durmió; y fue
así como Recab y Baana su hermano se
introdujeron en la casa. Cuando entraron
en la casa, Is-boset dormía sobre su lecho
en su cámara; y lo hirieron y lo mataron, y
le cortaron la cabeza, y habiéndola tomado, caminaron toda la noche por el camino
del Arabá. Y trajeron la cabeza de Is-boset
a David en Hebrón, y dijeron al rey: He
aquí la cabeza de Is-boset hijo de Saúl tu
enemigo, que procuraba matarte; y Jehová
ha vengado hoy a mi señor el rey, de Saúl y
de su linaje (2 Samuel 4:5-8).

No se nos dice por qué estos dos hombres hicieron esto. Tal vez estaban cansados de la inestabi-
lidad y las luchas entre las tribus. Es más probable
que esperaran obtener alguna posición favorecida
en la administración de David al tomar el asunto en
sus propias manos y sacar a la casa de Saúl de su
miseria, porque era inevitable que su linaje fuera re-
movido del trono de una vez por todas.

Esta fue una prueba más para David. **¿Miraría
para otro lado? ¿Estaba cansado de esperar y listo
para seguir adelante con el liderazgo del reino?
¿Tomaría indirectamente el asunto en sus propias
manos y haría lo que probablemente todos los demás
reinos habrían hecho en ese momento de la historia
e ignoraría el asesinato?** David no cayó en ninguna
de esas trampas, como leemos en la narración que
sigue.

NO SE REQUIERE AYUDA

Esos dos asesinos deben haberse sorprendido
cuando escucharon a David decir:

Y David respondió a Recab y a su hermano Baana, hijos de Rimón beerotita, y les
dijo: Vive Jehová que ha redimido mi alma

de toda angustia, que cuando uno me dio nuevas, diciendo: He aquí Saúl ha muerto, imaginándose que traía buenas nuevas, yo lo prendí, y le maté en Siclag en pago de la nueva. ¿Cuánto más a los malos hombres que mataron a un hombre justo en su casa, y sobre su cama? Ahora, pues, ¿no he de demandar yo su sangre de vuestras manos, y quitaros de la tierra? Entonces David ordenó a sus servidores, y ellos los mataron, y les cortaron las manos y los pies, y los colgaron sobre el estanque en Hebrón. Luego tomaron la cabeza de Isboset, y la enterraron en el sepulcro de Abner en Hebrón (2 Samuel 4:9-12).

Esperé 15 años para convertirme en el pastor principal de una iglesia. En los primeros días, estaba dispuesto y ansioso, e hice lo que pude para promocionarme a mí mismo y a mis posibilidades de convertirme en líder. Entonces, un día, tuve un sueño de una lápida con mi nombre, que sin duda llamó mi atención. Cuando busqué la interpretación, sentí que el Señor estaba diciendo: "Quiero que trabajes aquí, en esta ciudad y en esta iglesia, como si fuera tu última asignación, como si fueras a morir aquí". Y eso es lo que hice durante nueve años después de eso.

Luego, al final de esos nueve años, alguien me ofreció un puesto de pastor en una ciudad maravillosa, pero dije que no. Luego me volvieron a preguntar, pero volví a decir que no, y lo dije en serio. Dios había lidiado de tal manera con mi ambición de liderazgo que me negué a quitarle los asuntos de Sus manos y ponerlos en las mías. Luego, en la tercera ocasión, me preguntaron y dije que tal vez. A partir de ahí, Dios abrió las puertas e inicié mi labor como pastor de una iglesia en Orlando, Florida.

Había esperado más de una década, y las últimas tres invitaciones fueron una prueba para ver si realmente había entregado mis deseos y mi horario al propósito del Señor. Creo que eso es similar a la prueba final de David con los dos asesinos. Había entregado su ambición al Señor de tal manera que no estaba dispuesto a tomar el asunto en sus propias manos ni a permitir que otros lo hicieran, a pesar de que había estado esperando durante bastante tiempo.

¿Estás esperando tu trono? ¿Has pensado en renunciar o aceptar cualquier trono solo para poder sentir que se está progresando? Te insto a que continúes preparándote como si su trono fuera inminente (eso es lo que hice durante esos nueve años) pero al mismo tiempo dejando en Sus manos el momento de tu promoción. De esa manera, estarás listo cuando se abra la puerta, pero no serás culpable de patear la puerta antes de que se abra o se desbloquee ante ti. David esperó y no permitió que nadie le quitara el privilegio de que Dios lo escoltara personalmente a su trono. Te animo a que hagas lo mismo, porque Dios no necesita ayuda para darte el lugar que ha tenido en mente para ti desde el principio de los tiempos.

CONSEJO DEL TRONO
DEBES ESFORZARTE POR APROVECHAR AL MÁXIMO TU TIEMPO DE PREPARACIÓN ANTES DE QUE FINALMENTE LLEGUES A DONDE DIOS QUIERE QUE ESTÉS, HACIENDO LO QUE ÉL QUIERE QUE HAGAS.

ESTUDIO 31

FINALMENTE

    ¿Parece que has estado esperando desde siempre, o al menos más de lo que esperabas, que Dios cumpliera una promesa específica para ti? ¿Estás a punto de rendirte o al menos dejar de seguir adelante? Si es así, entonces esta lección te ayudará, porque finalmente, después de al menos 20 años de espera, David se convirtió en rey de Israel. Echemos un vistazo a ese evento para ver qué puedes sacar de él y aplicarlo a tu propia situación de vida.

"ERES NUESTRO REY"

    Después de que el hijo de Saúl en el trono fue asesinado, leemos que el pueblo volvió en sí:

> Vinieron todas las tribus de Israel a David en Hebrón y hablaron, diciendo: Henos aquí, hueso tuyo y carne tuya somos. Y aun antes de ahora, cuando Saúl reinaba sobre nosotros, eras tú quien sacabas a Israel a la guerra, y lo volvías a traer. Además Jehová te ha dicho: Tú apacentarás a mi pueblo Israel, y tú serás príncipe sobre Israel. Vinieron, pues, todos los ancianos de Israel al rey en Hebrón, y el rey David hizo pacto con ellos en Hebrón delante de Jehová; y ungieron a David por rey sobre Israel. Era David de treinta años cuando comenzó a reinar, y reinó cuarenta años.

En Hebrón reinó sobre Judá siete años y seis meses, y en Jerusalén reinó treinta y tres años sobre todo Israel y Judá (2 Samuel 5:1-5).

De repente, la gente que había cooperado con Saúl, los que habían acosado y perseguido a David, se acercaron a él y le dijeron: "¿Sabes qué? ¡Eres nuestro rey! ¡Siempre has sido nuestro rey!" David podría haber dicho: "¿Dónde han estado todos ustedes estas últimas dos décadas? ¡Ahora quieres que te guíe después de que tú y tu antiguo rey me hicieran pasar tanto!" La reacción de David no está registrada, pero probablemente respiró aliviado y pensó: "¡Por fin!"

Sí, hay un final en cada promesa de Dios. Dios no estaba siendo arbitrario o caprichoso al llevar a David al trono. Tomó tanto tiempo preparar a David para el liderazgo y cuando estuvo listo, Dios abrió la puerta. Su ascenso comenzó cuando Dios le mostró al pueblo lo que David había sabido todo el tiempo: que él iba a ser el rey. Los antiguos rivales y enemigos de David se convirtieron en sus súbditos, pero Dios tuvo que abrirles los ojos antes de que eso sucediera. Y Dios tiene que mostrarle a la gente quién eres antes de que puedas ser aceptado en el trono que Dios tiene para ti.

UN NUEVO PÚBLICO

Puedo relacionar este proceso con mi propio viaje de vida a mi trono, el lugar de liderazgo y autoridad que Dios tenía para mí. Esperé 11 años por una oportunidad frente al púlpito, predicando dos veces en esos 11 años en la iglesia donde estaba sirviendo. Luego, después de cuatro años de ser pastor principal, acepté el trabajo de mis sueños de viajar por el mundo para organizar conferencias de adoración. Cuando eso terminó, acepté otro trabajo como parte del equipo de una iglesia, pero también comencé un negocio paralelo a través del cual serví como consultor para ayudar a las organizaciones a construir equipos más efectivos. Como tenía un trabajo remunerado, no cobraba mucho por consultar, por lo general solo cobraba el costo de mis materiales ($ 30) para construir algunos perfiles de personalidad.

Cuando quise dedicarme a la consultoría a tiempo completo, sabía que tenía que cobrar más, pero las personas que me conocían como el hombre de los 30 dólares no estaban dispuestas a pagar 250 dólares por los mismos servicios. Tuve que ir a nuevos lugares y encontrar un nuevo público que viera el valor de quién era y lo que estaba haciendo. Tuve que confiar en Dios para un nuevo mercado que veía $250 como razonable. En otras palabras, Dios tuvo que abrir los ojos de mis clientes, al igual que Dios tuvo que abrir los ojos de Israel para ver a David bajo una nueva luz como Dios lo vio. Para mí, eso significaba que a menudo tenía que viajar a África, donde fui aceptado en la plenitud de lo que Dios me hizo ser, a diferencia de mis amigos locales que me conocían como el hombre de $ 30 que ahora, en su mente, estaba cobrando de más por sus servicios.

¿Y tú? ¿Estás esperando que Dios abra los ojos de los demás a la realidad de lo que Él te hizo ser? ¿Quizás necesitas encontrar una nueva audiencia o mercado como tuve que hacerlo yo? ¿Quizás las personas a las que estás destinado a ayudar aún no están lo suficientemente desesperadas como para humillarse y aceptar tu manto de liderazgo? ¿Quizás tienes que irte y luego volver a tu oportunidad? ¿Quizás tengas que irte permanentemente y establecerte entre un nuevo pueblo que te vea como el tesoro que eres?

Independientemente de lo que esté pasando, debes sentirse alentado por la historia de David de que cada período de espera tiene un "finalmente" cuando Dios se mueve y te establece en su trono. No te rindas, porque en la plenitud de los tiempos, las personas vendrán a ti y te dirán lo que siempre supiste: que Dios estaba y está contigo. Y entonces te alegrarás de haber esperado en lugar de haber tomado cartas en el asunto.

CONSEJO DEL TRONO
NO PUEDES OBLIGAR A OTROS A
SEGUIRTE, PERO PUEDES CONFIAR
EN QUE DIOS LE ABRIRA LOS OJOS
A TUS 'SEGUIDORES'. TU TRABAJO
ES ACEPTAR A ESAS PERSONAS Y
SER FIEL PARA GUIARLOS DESDE TU
TRONO, TU LUGAR DE PROPOSITO Y
AUTORIDAD.

ESTUDIO 32

LOS CIEGOS Y COJOS

David finalmente era el rey, pero no se tomó el tiempo para celebrar. Se dedicó a hacer historia asegurándose un lugar en su territorio que todavía juega un papel importante en el mundo:

> Entonces marchó el rey con sus hombres a Jerusalén contra los jebuseos que moraban en aquella tierra; los cuales hablaron a David, diciendo: Tú no entrarás acá, pues aun los ciegos y los cojos te echarán (queriendo decir: David no puede entrar acá). Pero David tomó la fortaleza de Sion, la cual es la ciudad de David. Y dijo David aquel día: Todo el que hiera a los jebuseos, suba por el canal y hiera a los cojos y ciegos aborrecidos del alma de David. Por esto se dijo: Ciego ni cojo no entrará en la casa (2 Samuel 5:6-8).

David y sus hombres hicieron lo que los habitantes locales no creían posible debido a la ventaja que tenían al ocupar la elevación más alta de Jerusalén, pero el séquito de David hizo lo imposible. Examinemos cómo lo hicieron, especialmente observando el dicho que surgió de este evento histórico (y su significado espiritual).

VISIÓN DEL PROPÓSITO

Es interesante que la primera prioridad de David como rey de las tribus unidas fue conquistar Jerusalén. Esta es la primera mención de la ciudad en la Biblia, por lo que no sabemos que se llevaran a cabo otras campañas allí, de tal manera que que no sabemos la razón exacta por la que David sintió tanta urgencia en capturarla. Nótese que mientras los lugareños se burlaban de David con una falsa confianza en la seguridad de su posición, David sabía exactamente lo que había que hacer para ganar la batalla: el pozo de agua era la clave.

David tenía una percepción que otros probablemente habían pasado por alto o no creían que fuera posible lograr, pero David estaba tan seguro de su perspectiva que ofreció una recompensa, como aprendemos en 1 Crónicas 11:6: "Y David había dicho: El que primero derrote a los jebuseos será cabeza y jefe. Entonces Joab hijo de Sarvia subió el primero, y fue hecho jefe". Cuando estás funcionando en tu propósito, tú también tendrás sabiduría y perspicacia que crees que es sentido común, pero no es común; es poco común y único para ti.

Es más, David comenzó su reinado fijando y logrando un gran objetivo. ¿Qué grandes metas tienes basadas en la visión única que Dios te ha dado en tu propósito? Todas esas son buenas lecciones, pero no es lo principal que debemos examinar en esta entrada; es el proverbio que comenzó a circular después de que se ganó la ciudad que debemos examinar más de cerca.

IR A ALGÚN LUGAR

La frase que los jebuseos usaron como burla se convirtió en el grito de guerra de David: "los ciegos y cojos no entrarán en el palacio". Esa frase sigue siendo cierta hoy en día para el pueblo de Dios, lo cual puede sonar extraño, así que permítanme explicarlo. Los ciegos no podían entrar en la casa ni entonces ni ahora, porque Dios solo puede usar a aquellos con ojos de fe que pueden ver lo invisible y funcionar de acuerdo con la visión de Dios y no con la suya propia: "Es, pues, *la fe la certeza de lo que se espera, la convicción de lo que no se ve*" (Hebreos 11:1, énfasis añadido). Pablo declaró: "No mirando nosotros las cosas que se ven, sino las que no se ven; pues las cosas que se ven son temporales, pero las que no se ven son eternas" (2 Corintios 4:18). David vio caer la ciudad antes de que cayera y se puso en marcha de inmediato para hacer lo que había visto.

Y eso nos lleva al segundo grupo de personas que se mencionan en el proverbio: los cojos. Hay quienes ven, que tienen una visión espiritual de muchas cosas, pero no hacen nada con ella. No son ciegos, pero son cojos: incapaces de actuar o marcar la diferencia con lo que ven. Jesús dijo: "Si sabéis estas cosas, *bienaventurados seréis si las hiciereis*" (Juan 13:17, cursiva agregada). Pablo escribió: "Porque por fe andamos, no por vista". Pablo escribió que "caminamos", lo que indica que vamos a alguna parte, progresando hacia un objetivo o meta específica.

Los hijos de Isacar eran "hombres que entendían los tiempos y sabían lo que Israel debía hacer" (1 Crónicas 12:32). Eso es lo que Dios quiere que tú también seas: una persona que tiene una visión de los "pozos de agua" del enemigo y luego puede salir a hacer algo con ese conocimiento. **¿Necesitas buscar al Señor para entender quién eres y qué quiere hacer Él a través de tu vida? ¿Necesitas hacer algo con lo que sabes?**

Ten en cuenta que los "ciegos y cojos" todavía no pueden entrar al palacio del rey, pero los que ven y actúan serán usados por Dios para encontrar y conquistar sus propias Jerusalenes. Necesitas ponerte manos a la obra como lo hizo David para llevar a cabo grandes hazañas al servicio de tu Dios y de su pueblo.

CONSEJO DEL TRONO
CUANDO ESTAS FUNCIONANDO EN
TU PROPOSITO, TENDRAS SABIDURIA
Y PERSPICACIA QUE CREES QUE
ES DE SENTIDO COMUN, PERO NO
ES COMUN: ES POCO COMUN Y
UNICO PARA TI. SIN EMBARGO, LA
PERSPICACIA NO ES SUFICIENTE,
YA QUE DEBE IR ACOMPAÑADA DE
ACCION SI QUIERES MAXIMIZAR TU
TIEMPO E IMPACTO EN TU TRONO.

ESTUDIO 33

DOS GOLES (STRIKES), ESTÁS FUERA

¿Te parece que la vida es difícil, que incluso un pequeño progreso es el resultado de un tremendo esfuerzo, solo para requerir más esfuerzo para el siguiente paso? ¿Te parece que estás constantemente enfrascado en una batalla? Si es así, sigue leyendo, ya que nuestro héroe David podría identificarse con tu situación al él haber estado en una similar. Veamos esa dinámica de luchar por tu terreno espiritual en este capítulo.

PRIMER GOLPE

David había capturado a Jerusalén y estaba firmemente establecido como el líder de todo Israel, y uno pensaría que habría traído paz en la tierra. Sin embargo, los enemigos de Israel, los filisteos, tenían algo más en mente:

> Oyendo los filisteos que David había sido ungido por rey sobre Israel, subieron todos los filisteos para buscar a David; y cuando David lo oyó, descendió a la fortaleza.

> Y vinieron los filisteos, y se extendieron por el valle de Refaim. Entonces consultó David a Jehová, diciendo: ¿Iré contra los filisteos? ¿Los entregarás en mi mano? Y Jehová respondió a David: Ve, porque ciertamente entregaré a los filisteos en tu mano. Y vino David a Baal-perazim, y allí los venció David, y dijo: Quebrantó Jehová a mis enemigos delante de mí, como corriente impetuosa. Por esto llamó el nombre de aquel lugar Baal-perazim. Y dejaron allí sus ídolos, y David y sus hombres los quemaron (2 Samuel 5:17-21).

David aceptó el desafío que les presentaron los filisteos, buscó la presencia del Señor y los enfrentó en batalla con la bendición de Dios.

Esto me recuerda el momento de mi propia vida en el que una persona se acercó a mí y me preguntó si podía entregarme una palabra del Señor. Cuando le dije que por supuesto, me dijo: "Vas a sembrar y sembrar y luego sembrar un poco más, y justo cuando piensas que no puedes sembrar más, ¡se te pedirá que siembres un poco más!" A menudo he pensado en esa palabra cuando me han pedido que dé y comprometa tiempo y recursos que no pensé o sabía que tenía para ayudar a los demás, a menudo cuando mis propias necesidades eran grandes o mayores que las de ellos. En otras palabras, he tenido que ser agresivo en mis esfuerzos por llegar a la bendición y posición que Dios tenía para mí.

SEGUNDO GOLPE

A pesar de que David derrotó a los filisteos en cada encuentro, eso no impidió que lo intentaran una vez más:

> Y los filisteos volvieron a venir, y se extendieron en el valle de Refaim. Y consultando David a Jehová, él le respondió: No

subas, sino rodéalos, y vendrás a ellos en-
frente de las balsameras. Y cuando oigas
ruido como de marcha por las copas de las
balsameras, entonces te moverás; porque
Jehová saldrá delante de ti a herir el cam-
pamento de los filisteos. Y David lo hizo
así, como Jehová se lo había mandado; e
hirió a los filisteos desde Geba hasta llegar
a Gezer (2 Samuel 5:22-25).

David podría haber orado: "Dios, ¿cuánto
tiempo más tengo que aguantar esto?", pero hasta
donde sabemos, no dijo eso. En cambio, siguió luchando para llegar a la plenitud de la bendición que
Dios tenía para él.

Tal vez estés en la misma posición en la que
estaba David. Tienes una promesa de Dios, pero parece que la batalla es interminable para que se cum-
pla. Si ese es el caso, entonces permítame recordarle
lo que Pablo escribió en su conocido pasaje sobre la
armadura de Dios: "Por tanto, tomad toda la armadura de Dios, para que podáis resistir en el día malo,
y habiendo acabado todo, estar firmes" (Efesios
6:13). El "día malo" está en el calendario para cada
persona que vive para Cristo, y tendrás que ponerte
la armadura, hacer todo lo que puedas para estar de
pie, y luego pararte un poco más. Proverbios dice:
"Si fueres flojo en el día de trabajo, Tu fuerza será
reducida" (Proverbios 24:10).

La buena noticia es que después de estas dos
batallas, los filisteos rara vez volvieron a aparecer.
Dos golpes (strikes) y los filisteos estaban fuera.
David tuvo su gran avance y pudo hacer la transición a su papel como rey y organizador de Israel. Es
posible que tengas que sembrar más de lo que pen-
sabas que sembrarías o podías. Puedo añadir que es
posible que tengas que permanecer más tiempo con
tu armadura completa para resistir las fuerzas que
buscan derrotarte y devorar tu herencia en el Señor.

Sin embargo, la buena noticia es que en la plenitud de los tiempos, cuya duración solo conoce el Señor, tú también saldrás victorioso al igual que David, si no te rindes.

CONSEJO DEL TRONO
INCLUSO CUANDO LLEGUES A TU TRONO, TODAVIA TENDRAS QUE PELEAR BATALLAS MIENTRAS BUSCAS NO SOLO MANTENER, SINO EXTENDER TU INFLUENCIA PARA QUE PUEDAS DAR FRUTO. NO TE RINDAS Y ACEPTA EL HECHO DE QUE APRENDER A GOBERNAR Y REINAR ES UN PROCESO GRADUAL QUE DURA TODA LA VIDA.

ESTUDIO 34

MÁS QUE ORACIÓN

Cuando leemos acerca de cómo David peleó sus últimas batallas con los filisteos, vemos un patrón de cómo hizo negocios, por así decirlo, que le trajeron éxito y buena fortuna. ¿Qué hizo? Para eso, tendrás que seguir leyendo, pero vale la pena tu tiempo y esfuerzo, porque revelará algo que puedes usar mientras gobiernas desde tu propio trono que Dios te ha dado.

PREGUNTÓ

¿Qué hizo David antes de salir a esas batallas? Pidió la dirección del Señor y Dios respondió a ambas peticiones. Primero leemos:

> Entonces consultó David a Jehová, diciendo: ¿Iré contra los filisteos? ¿Los entregarás en mi mano? Y Jehová respondió a David: "Ve, porque ciertamente entregaré a los filisteos en tu mano" (2 Samuel 5:19).

Fíjese en este caso que el Señor le dijo a David que fuera, pero no le dijo cómo ir. No le dio una estrategia, sino solo luz verde para proceder. El escritor informó: "Entonces David fue a Baal Perazim, y allí los derrotó" (2 Samuel 5:20). Hasta ahora, bien.

Entonces los filisteos vinieron por segunda vez, y David fue una vez más al Señor.

> Y consultando David a Jehová, él le respondió: No subas, sino rodéalos, y vendrás a ellos enfrente de las balsameras. Y cuando oigas ruido como de marcha por las copas de las balsameras, entonces te moverás; porque Jehová saldrá delante de ti a herir el campamento de los filisteos. Y David lo hizo así, como Jehová se lo había mandado; e hirió a los filisteos desde Geba hasta llegar a Gezer (2 Samuel 5:23-25).

Esta vez, el Señor no solo le dio luz verde a David, sino que también le dio una estrategia específica junto con una señal a la que debía prestar atención para que supiera cuándo era el momento de atacar. Es posible que estés leyendo y pensando en este punto: "Por supuesto, David oró y Dios respondió. ¿Qué tiene de especial? ¿Qué hay en estas historias que pueda ayudarme?" Buenas preguntas, que intentaré responder en la siguiente sección.

EN LA MARCHA

Cuando acudas al Señor en busca de respuestas, debes tener fe en que Él te responderá. Conozco a muchas personas que oran y eso es algo bueno, pero la oración es su única práctica. Realmente no esperan escuchar y, por lo tanto, no están buscando una estrategia a seguir; simplemente están dedicando su tiempo de oración. Sus vidas son devotas, pero les falta fruto, fruto que se puede medir en términos de personas alcanzadas y cosas hechas. Así que la primera lección es orar con una visión hacia la acción, no con la mentalidad de que la oración es lo principal. No lo es.

Luego están aquellos que oran y quieren una respuesta específica para cada paso del camino. A veces, Dios revelará un plan y una estrategia únicos y, en otras ocasiones, simplemente nos instruye que vayamos y se desarrollará todo a medida que avanzamos. Pero la clave es que debemos hacer nuestra parte, que es ir, y Dios hará Su parte, que es atacar a nuestros enemigos a medida que avanzamos.

Por ejemplo, nunca salgo de África antes de tener planeado el viaje de regreso. Sé que Dios me quiere allí, así que no tengo que orar por eso. Sin embargo, recientemente lo busqué Su guía para una estrategia específica de recaudación de fondos que era algo nuevo que nunca había hecho antes. Allí, Dios me dio una estrategia que se desarrolló durante dos semanas mientras oraba específicamente para saber qué hacer y cómo hacerlo. En ambos casos, tenía fe en que Dios me estaba guiando, uno a través de mi amor por estar en África y el otro por una oportunidad única de ayudar a más personas en varios países.

En ambos casos, David asumió que iba a atacar, eso era un hecho. Cuando Dios no le dio una estrategia, él seguía con la seguridad de que Dios se revelaría en la batalla. En el otro caso, Dios se reveló antes de la batalla. De cualquier manera, David estaba en modo de ataque. Dios no tenía que ordenarle que fuera; Simplemente le aseguró que estaba en el camino correcto y que podía contar con su ayuda.

¿Dónde estás esperando y orando cuando deberías estar yendo y orando? ¿Dónde has permitido que la oración se convierta en el único aspecto de tu estrategia de acción en lugar de ser una parte de ella? ¿Estás en modo de ataque o en modo de espera? ¿Dios tiene que moverte o te estás moviendo, escuchando mientras vas?

La oración es vital, pero es un medio a través del cual Dios revelará Su plan de acción para ti. Por lo tanto, si tu única acción es la oración, entonces tienes una estrategia defectuosa que te mantendrá de rodillas, pero rara vez te mantendrá alerta. Es tiempo no solo de orar, sino de obtener respuestas a tus oraciones.

CONSEJO DEL TRONO
ORA, PERO NO TE CONFORMES
CON EL RITUAL DE LA ORACION. EN
LUGAR DE ESO, BUSCA ESTABLECER
UNA RELACION BIDIRECCIONAL
CON EL SEÑOR A TRAVES DE LA
CUAL ÉL ESCUCHE Y RESPONDA
TUS ORACIONES MIENTRAS TU
OBEDECES LO QUE ÉL TE HABLA
DURANTE TUS TIEMPOS DE
ORACION.

ESTUDIO 35

SINCERO, PERO SINCERAMENTE EQUIVOCADO

¿Alguna vez has hecho algo que creías que estaba bien pero resultó todo mal? Fuiste serio y sincero, pero no hiciste algo correctamente y el resultado final no fue el que querías. Descubriste que no es suficiente ser sincero, porque puedes ser sincero y aun así estar equivocado, o tener una estrategia defectuosa. David aprendió esa importante lección, como verás en esta entrada en nuestro estudio de la vida en el trono, pero solo si sigues leyendo.

EL ARCA SE INCLINA

Después de que David derrotó dos veces a los filisteos en la batalla, centró su atención en los asuntos espirituales. Él y 30.000 de sus seguidores decidieron traer el arca de Dios desde donde iba a estar con ellos en Jerusalén. Leemos,

> Pusieron el arca de Dios sobre un carro nuevo, y la llevaron de la casa de Abinadab, que estaba en el collado; y Uza y Ahío, hijos de Abinadab, guiaban el

carro nuevo. Y cuando lo llevaban de la casa de Abinadab, que estaba en el collado, con el arca de Dios, Ahío iba delante del arca. Y David y toda la casa de Israel danzaban delante de Jehová con toda clase de instrumentos de madera de haya; con arpas, salterios, panderos, flautas y címbalos (2 Samuel 6:3-5).

Desafortunadamente, el camino no fue fácil y la tragedia golpeó a medida que se acercaban a su destino:

Cuando llegaron a la era de Nacón, Uza extendió su mano al arca de Dios, y la sostuvo; porque los bueyes tropezaban. Y el furor de Jehová se encendió contra Uza, y lo hirió allí Dios por aquella temeridad, y cayó allí muerto junto al arca de Dios (2 Samuel 6:6-7).

David estaba enojado y ofendido porque sus esfuerzos sinceros habían causado la muerte de uno de los adoradores: "Y se entristeció David por haber herido Jehová a Uza, y fue llamado aquel lugar Pérez-uza, hasta hoy" (2 Samuel 6:8). David volvió a sus deberes reales después de eso, pero el incidente pesó mucho en su mente mientras se preguntaba cómo algo tan correcto pudo haber salido tan mal.

INTENTEMOS ESTO DE NUEVO

Luego leemos en otro libro que David no se olvidó de transportar el arca, sino que esta próxima vez se basó en algo más que la sinceridad para hacer el trabajo:

[David] y les dijo: "Vosotros que sois los principales padres de las familias de los levitas, santificaos, vosotros y vuestros hermanos, y pasad el arca de Jehová Dios de Israel al lugar que le he preparado;

pues por no haberlo hecho así vosotros la primera vez, Jehová nuestro Dios nos quebrantó, por cuanto no le buscamos según su ordenanza". Así los sacerdotes y los levitas se santificaron para traer el arca de Jehová Dios de Israel. Y los hijos de los levitas trajeron el arca de Dios puesta sobre sus hombros en las barras, como lo había mandado Moisés, conforme a la palabra de Jehová (1 Crónicas 15:12-15).

En su segundo intento, David no solo fue sincero, sino también preciso y, por lo tanto, llevó con éxito el arca a su nuevo hogar.

Esto me recuerda a cuando un grupo de hombres y yo comenzamos un negocio. Fuimos sinceros, fuimos celosos, oramos, pero el negocio terminó en fracaso. ¿Por qué? Es porque estaba tratando de ganar dinero a pesar de que el negocio no se relacionaba con mi propósito (además, estaba asociado con algunos que eran menos que honestos en sus tratos comerciales, como descubrí más tarde). Dios tuvo que enseñarme a prestar más atención a Su voz y no solo a mi cuenta bancaria.

La buena noticia es que encontré mi propósito a partir de ese fracaso y he estado enseñando a otros cómo encontrar el suyo durante más de 30 años. Aprendí, al igual que David, y por lo tanto pude, como él lo hizo, superar mi error para hacer las cosas de la manera que Dios quería que se hicieran. ¿Y tú? **¿Sigues enfadado o enfurruñado después de la lección de que la sinceridad no es suficiente? ¿Puedes aprender de la experiencia para que puedas actuar más de acuerdo con la voluntad y los caminos de Dios para tu vida?**

David obviamente hizo su investigación después de la muerte de su compañero que tocó el arca. Si buscas al Señor como él lo hizo, lo que implica aceptar humildemente que Dios es movido por la fe y no solo por la sinceridad, entonces podrás superar tus errores para servir y obedecer a Dios de manera más inteligente y precisa de maneras que Él está ansioso por bendecir.

CONSEJO DEL TRONO
PUEDES SER SINCERO, PERO ESTAR SINCERAMENTE EQUIVOCADO. LA SINCERIDAD NO ES EL ASPECTO MAS IMPORTANTE PARA REINAR EN TU TRONO, PERO LAS ACCIONES CORRECTAS SI LO SON. ASEGURATE DE QUE TU CELO Y ENTUSIASMO ESTEN BIEN CIMENTADOS EN LA OBEDIENCIA Y LA SABIDURIA.

ESTUDIO 36

EL PANORAMA GENERAL

Después de que David descansó de sus enemigos, decidió edificar a Dios un lugar que albergaría Su presencia en la tierra. Sin embargo, el Señor le habló al profeta Natán y ajustó los planes de David:

> "Desde el día en que puse jueces sobre mi pueblo Israel; y a ti te daré descanso de todos tus enemigos. Asimismo Jehová te hace saber que él te hará casa. Y cuando tus días sean cumplidos, y duermas con tus padres, yo levantaré después de ti a uno de tu linaje, el cual procederá de tus entrañas, y afirmaré su reino" (2 Samuel 7:11-12).

Dios le dio a David, y Él quiere darte a ti, el panorama más amplio de Su voluntad y propósito a través de Su palabra. ¿Qué implicaciones tiene esta visión ampliada para tu vida y propósito? Me alegro de que lo preguntes. Para obtener la respuesta, tendrás que seguir leyendo.

EL REINO

Dios está enfocado construir Su reino en la tierra. El Reino estuvo en la mente de Jesús desde el comienzo de su ministerio. Enseñó a sus discípulos a orar: "Venga tu reino, hágase tu voluntad, así en la tierra como en el cielo" (Mateo 6:10). Las primeras palabras de Jesús en el ministerio público fueron: "Arrepentíos, porque el reino de los cielos se ha acercado" (Mateo 4:17). En esencia, Jesús estaba diciendo que Dios estaba cumpliendo lo que le había prometido a David al establecer un Reino eterno a través de Jesús, un descendiente de la familia de David.

El propósito de tu vida es un asunto que hace parte de los negocios del Reino. Primero, el rey asigna tu propósito; Tú no lo eliges. Entonces vives para cumplir tu propósito con la ayuda de Dios a través de la Iglesia, pero no exclusivamente en o para la Iglesia. En otras palabras, su objetivo es extender el dominio del reino de Dios dondequiera que Él lo coloque: familia, negocio, escuela, ministerio, vecindario o gobierno. ¿Cómo se ve eso exactamente?

Significa que te comportas de acuerdo con las normas justas de Dios para el Reino con el amor como tu motivo principal: el amor a Dios expresado en el servicio a los demás. Expresas tu propósito a través de los dones que Dios te ha dado y aplicas tu creatividad para hacer las cosas de maneras nuevas y frescas que resolverán problemas viejos o nuevos.

Tu propósito no es un asunto de la iglesia. Puedes expresarlo en un entorno eclesiástico (de iglesia)—de hecho, deberías hacer algo con tu tiempo y dones para ayudar a edificar la iglesia—pero haces lo que haces allí porque el Rey te lo indica. Por lo tanto, tu papel en la iglesia es una expresión del gobierno del Reino de Dios en tu vida y no la totalidad de tu servicio a Dios. Eso significa que no es una cuestión de a qué iglesia perteneces, sino a qué Reino sirves.

EL PANORAMA GENERAL

David quería edificar a Dios un lugar que lo contuviera, que albergara sus actividades y fuera el centro del pueblo de Dios, pero Dios intervino con una mejor opción. Su "casa" habría de ser toda la tierra y Él gobernaría sobre ella como un Rey. En cierto modo, David quería edificar a Dios una iglesia, pero Dios prefería una identidad del Reino en lugar de ser el Dios de una casa o edificio.

Preferiría ser conocido como un hombre del Reino que como un hombre de iglesia. He entregado mi vida adulta a la Iglesia como una expresión del gobierno del reino de Dios en mi vida. Ni elegí ni prefiero el trabajo en la iglesia. Mientras escribía este capítulo, estaba en España participando en una celebración de aniversario de algunas iglesias africanas. ¿Por qué estaba allí? Estuve allí porque el Rey me envió aquí; era parte de mi asignación en el Reino. Estuve sentado durante largos servicios, habiendo tenido algunos inconvenientes e incomodidades que tuve que costear debido a mi compromiso con el Rey que se expresa a través del gobierno de Su Reino en mi vida. Y para mí, esa expresión del Reino significa la obra de la Iglesia.

¿Y tú? ¿Eres una persona de iglesia? ¿Solo quieres construir la casa de Dios? ¿O eres una persona del Reino? ¿Quieres ver la soberanía de Dios extendida sobre toda Su creación, sin importar el lugar o la actividad? ¿Ves la diferencia? David trató de localizar a Dios, pero Dios se negó a ser contenido. Tu trabajo no es reducir a Dios hasta un tamaño que puedas manejar, sino ampliar tu propia perspectiva y capacidad para que coincida con Su visión de un Reino en la tierra que refleje el que está en el cielo.

Te insto a que permitas que Dios te dé una visión más amplia de lo que Él está haciendo y cómo tú y su propósito encajan en él, y luego ocúpate de representar el reino de Dios tanto en la iglesia como en la esfera a la que Él le ha llamado.

CONSEJO DEL TRONO
TU TRONO DE PROPOSITO ES
EXTENDER EL REINO DE DIOS
DONDEQUIERA QUE EXPRESES TU
PROPOSITO Y CREATIVIDAD. SI BIEN
DEBERIA TENER ALGUN IMPACTO
EN LA EDIFICACION DE LA IGLESIA,
TU ENFASIS PRINCIPAL PUEDE
ESTAR EN ALGUNA OTRA ESFERA
DE LA VIDA DONDE SE NECESITE EL
GOBIERNO DE DIOS.

ESTUDIO 37

ENERGÍA DIVINA

¿Alguna vez has tenido una explosión de energía y entusiasmo que te ha impulsado a la acción? Tal vez fue solo para limpiar la casa o escribir algo de poesía o leer un libro que has querido leer por un tiempo. **¿Qué pasaría si pudieras vivir con ese tipo de energía todo el tiempo?** Parece que David lo hizo, así que examinemos esta energía para ver de dónde vino y cómo la sostuvo.

VICTORIA TRAS VICTORIA

En el último capítulo, vimos que el Señor interrumpió los planes de David de edificarle una casa a Dios y, en cambio, prometió edificarle una casa a David estableciendo un reino eterno para sus descendientes. Una vez que David recibió esa promesa, salió y comenzó a hacer la obra de establecer la casa que Dios le había prometido:

> Después de esto, aconteció que David *derrotó* a los filisteos y los *sometió*, y tomó David a Meteg-ama de mano de los filisteos. David también *derrotó* a los moabitas. . . . Así que los moabitas se sometieron a David y le trajeron tributo. Además, Asimismo *derrotó* David a Hadad-ezer hijo de Rehob, rey de Soba, al ir este a recuperar su territorio al río Éufrates. Y tomó David de ellos mil setecientos hombres de

a caballo, y veinte mil hombres de a pie;
y desjarretó David los caballos de todos
los carros, pero dejó suficientes para cien
carros. Y vinieron los sirios de Damasco
para dar ayuda a Hadad-ezer rey de Soba;
y David *hirió* de los sirios a veintidós mil
hombres. Puso luego David guarnición en
Siria de Damasco, y los sirios fueron he-
chos siervos de David, sujetos a tributo.
*Y Jehová dio la victoria a David por don-
dequiera que fue* (2 Samuel 8:1-6, énfasis
agregado).

Nótese las palabras enfatizadas en ese pasaje: derrotado, subyugado, tomado, maniatado, derri-
bado, capturado. Esas no son palabras pasivas; re-
presentan la acción cuando David tomó la ofensiva
para enfrentarse a sus enemigos vecinos. Y la buena
noticia es la declaración final de arriba: El Señor le
dio la victoria a David. No vemos estrategias divinas
ni una salsa secreta para el éxito. David salió con
mucho entusiasmo, Dios se fue con él e hicieron historia juntos.

ENERGO

Pablo tenía el mismo tipo de energía y empu-
je que David. Escribió a los efesios para decir: "Y a
Aquel que es poderoso para hacer todas las cosas
mucho más abundantemente de lo que pedimos o
entendemos, *según el poder que actúa en nosotros*"
(Efesios 3:20, énfasis añadido). La palabra para *trabajo* es *energoumenen*, y notarás que la primera
parte de la palabra es la palabra *energo*, de la cual
derivamos nuestra palabra *energía*. Pablo tenía una
energía divina trabajando en él, produciendo resultados que eran inconmensurablemente más de lo
que él o nosotros podíamos pedir o imaginar.

Puede que pienses que ese tipo de energía es
sólo para personas especiales como David o Pablo,

pero te equivocarías si piensas así. Al principio de su carta, Pablo escribió:

> Alumbrando los ojos de vuestro entendimiento, para que sepáis cuál es la esperanza a que él os ha llamado, y cuáles las riquezas de la gloria de su herencia en los santos, y cuál la supereminente grandeza de su poder para con nosotros los que creemos, según la operación del poder de su fuerza, la cual operó en Cristo, resucitándole de los muertos y sentándole a su diestra en los lugares celestiales (Efesios 1:18-20).

La palabra traducida trabajando en el versículo 19 es la palabra griega *energeian*, con la raíz de la palabra una vez más siendo *energía*. Pablo estaba orando para que tuvieras esta energía divina trabajando en ti, ¡que es la misma energía que resucitó a Cristo de entre los muertos! Esta energía a menudo puede manifestarse en lo que llamamos *celo*, y sabemos que los discípulos vieron ese celo por la casa de Dios consumiendo a Jesús (ver Juan 2:17 y Salmo 69:9). Ellos lo vieron en Sus acciones como nosotros lo vemos en las de David. **¿Tienes ese tipo de energía trabajando en tu vida?**

Solo lo tendrás cuando estés comprometido con tu propósito o creatividad que Dios te ha asignado. De lo contrario, mostrarás destellos o tendrás ráfagas de fervor, pero se desviará hacia los deportes, los pasatiempos, las relaciones o la política. Supongo que algunos incluso serían celosos de preservar su statu quo, lo que se llama complacencia. Tal vez sea seguro decir que el celo es una parte importante de tu maquillaje, pero se desperdiciará si no tienes el enfoque adecuado.

Te animo a que examines dónde se está invirtiendo tu energía y hagas los cambios necesarios para asegurarte de que se esté utilizando para la intención que Dios te dio, y eso es hacer Su voluntad tal como se expresa a través de tu propósito con todo tu corazón y fuerza.

CONSEJO DEL TRONO
CUANDO ESTES SENTADO EN TU TRONO, HACIENDO AQUELLO PARA LO QUE FUISTE CREADO, TENDRAS UNA ENERGIA DIVINA QUE TE PERMITE HACER MAS DE LO QUE CREIAS POSIBLE. ¡ESO ES PORQUE ESTAN EN ASOCIACION CON DIOS Y HAY DOS DE USTEDES HACIENDO EL TRABAJO!

ESTUDIO 38

MÁS GRANDE

David disfrutó de un éxito sin precedentes después de asumir el trono de las tribus unidas:

Así ganó David fama. Cuando regresaba de derrotar a los sirios, destrozó a dieciocho mil edomitas en el Valle de la Sal. Y puso guarnición en Edom; por todo Edom puso guarnición, y todos los edomitas fueron siervos de David. Y Jehová dio la victoria a David por dondequiera que fue (2 Samuel 8:13-14).

Sin embargo, sus victorias y expansión requirieron que David prestara cierta atención a cómo iba a organizar su mundo, y leemos que tomó medidas para hacerlo a través de este equipo:

Y reinó David sobre todo Israel; y David administraba justicia y equidad a todo su pueblo. Joab hijo de Sarvia era general de su ejército, y Josafat hijo de Ahilud era cronista; Sadoc hijo de Ahitob y Ahimelec hijo de Abiatar eran sacerdotes; Seraías era escriba; Benaía hijo de Joiada estaba sobre los cereteos y peleteos; y los hijos de David eran los príncipes (2 Samuel 8:15-18).

¿Por qué es importante saber esto mientras buscas un propósito y expresas tu creatividad? ¿Cómo te ayudará esto a ocupar tu trono? Me alegro de que lo preguntes. Para saber las respuestas, tendrás que seguir leyendo.

LO 'MÁS GRANDES'

Dios ha puesto el impulso de 'más' en toda la creación, como vemos retratado en la vida y el reinado de David. David se propuso expandir su reino y Dios honró sus esfuerzos con éxito y fama. Leemos en Proverbios 14:28: "Una población numerosa es la gloria de un rey, pero sin súbditos el príncipe se arruina". Todas las especies buscan crecer y multiplicarse, y el mismo impulso está en los humanos, no solo para reproducirse, sino para expandir y hacer crecer sus habilidades, empresas, influencia y responsabilidades. Jesús habló de lo que yo llamo 'más grande' en Sus directivas de ir y dar fruto.

Dios no se deja intimidar por lo 'más grande'. Es tan fácil para Él liderar, administrar y proveer para un millón como lo es para cien. Si Dios no está abrumado por el tamaño, entonces tú tampoco deberías estarlo. Sin embargo, a veces es posible resistir a lo "más grande" e incluso considerarlo vano y poco espiritual, que debe evitarse a toda costa. No quieres trabajar para ser pequeño cuando Dios tiene 'más grande' en mente, porque entonces estarías resistiendo el plan de Dios para tu familia, ministerio o negocio.

La clave no es evitar 'más grande', sino hacerlo por la razón correcta, que sería obedecer y glorificar al Dios que puso el deseo de 'más grande' en cada persona, incluyéndote a ti. Sin embargo, con esto "más grande" viene la responsabilidad de organizar y mantener lo "más grande" que Dios te ha dado.

ORGANIZACIÓN

David estaba disfrutando del éxito, pero en algún momento tuvo que detenerse y preguntar: "¿Cómo voy a organizar el reino?" Es interesante que el Espíritu insertó solo unos pocos versículos en medio de todas las conquistas de David para registrar tanto lo que David hizo para dirigirse a 'más grande' como a quién involucró en la estructura organizativa de su reino. Al igual que David, tendrás que pensar un poco y buscar la sabiduría de Dios sobre cómo organizar tu mundo mientras buscas lo "más grande" que es perfectamente natural según el diseño de Dios.

¿Qué opinas de lo "más grande"? ¿Trabajas para mantener tu mundo pequeño o buscas activamente aumentar el alcance de tu propósito y creatividad? ¿Has aceptado que Dios puede querer ayudarte a supervisarte no solo a ti mismo, sino también a un equipo de personas? ¿Estás dispuesto a crecer para que tus responsabilidades puedan crecer?

Solo puedes disfrutar de "más grande" si estás completamente convencido de que es parte del plan de Dios para tu vida. Te animo a que resuelvas este asunto de una vez por todas y luego te dediques a buscar el éxito y tal vez incluso la fama que Dios tiene para ti mientras te sientas en tu trono de vida como David lo hizo en el suyo.

CONSEJO DEL TRONO A DIOS LE INTERESA EL CRECIMIENTO. UNA VEZ QUE ACEPTES ESA REALIDAD, DEBES ORIENTAR TU VIDA HACIA ESE FIN Y EN ALGÚN MOMENTO PRESTAR ATENCIÓN A CÓMO VAS A ORGANIZAR TUS ESFUERZOS Y FRUTOS PARA QUE PUEDAS MAXIMIZAR EL TIEMPO EN TU TRONO.

ESTUDIO 39

LECCIÓN APRENDIDA

¿Alguna vez te has visto en una situación difícil que aparentemente no tiene razón, por causas ajenas a tu voluntad? ¿Alguna vez has sufrido a manos de un líder pobre o mal equipado? Supongo que la respuesta a ambas preguntas es sí. Antes de que David se convirtiera en rey, también habría respondido afirmativamente a ambas preguntas, pero en esta entrada veamos la razón por la que Dios puso a David en esas situaciones. En pocas palabras, Él lo puso allí para enseñarle cómo *no* liderar.

LA PREGUNTA

Después de haber disfrutado de muchas victorias militares, David dirigió su atención a asuntos más personales:

> Dijo David: "¿Ha quedado alguno de la casa de Saúl, a quien haga yo misericordia por amor de Jonatán"? . . . "¿No ha quedado nadie de la casa de Saúl, a quien haga yo misericordia de Dios?" (2 Samuel 9:1, 3a).

Por lo general, esta era una pregunta peligrosa, ya que significaba que el rey estaba buscando eliminar a cualquiera de los descendientes del rey anterior para que no se presentaran más tarde y reclamaran el trono. Si encontraban algún superviviente, por lo general lo exiliaban o lo mataban. Sin embargo, David recordaba su pacto de amor con Jonatán y buscaba bendecir y no dañar a los descendientes de Saúl. David fue informado:

> "Y Siba respondió al rey: Aún ha quedado un hijo de Jonatán, lisiado de los pies". "¿Dónde está?", preguntó el rey. Y Siba respondió al rey: He aquí, está en casa de Maquir hijo de Amiel, en Lodebar" (2 Samuel 9:3b-4).

No solo había un descendiente, sino que tenía un desafío físico, lo que significaba que no tenía nada que ofrecerle a David. No podía servir en el ejército ni como sirviente doméstico. Sin embargo, David no quería usar al hijo de Jonatán; quería bendecirlo y honrar la memoria de Jonathan:

> Cuando Mefiboset hijo de Jonatán, hijo de Saúl, se acercó a David, se inclinó para rendirle honor. David dijo: "¡Mefiboset!" "A su servicio", respondió. —No temas —le dijo David—porque ciertamente te mostraré bondad por amor a tu padre Jonatán. Te devolveré toda la tierra que pertenecía a tu abuelo Saúl, y comerás siempre a mi mesa" (2 Samuel 9:6-7).

¿Por qué David haría algo tan amable y generoso cuando no le convenía hacerlo? Lo hizo porque había aprendido sus lecciones de Saúl. Había aprendido a no liderar.

LA LECCIÓN

Saúl había perseguido y hostigado a David, por lo que David sabía lo que se sentía tener a un líder en su contra, y no a cualquier líder, sino a uno a quien había servido fielmente. Ahora él era el líder y tenía que tomar una decisión: "¿Actuaré como Saúl o daré un mejor ejemplo y haré lo misericordioso que nunca me hicieron?" David optó por extender a Mefiboset lo que no se le había dado, y ese fue un trato amable. Es más, Mefiboset no pudo pagarle a David; No había nada en el para el rey.

¿En qué ocasiones has aprendido lecciones difíciles de la vida a través del maltrato o de las acciones crueles de los demás? ¿Estás repitiendo lo que te hicieron, o recuerdas cómo se siente el dolor, al decidir no repetir los errores del pasado? A menudo, Dios te enseñará qué hacer al experimentar el dolor de no hacerlo. Por ejemplo, sentirás lo que es cuando alguien no te agradece por un trabajo bien hecho, por lo que recordarás decirlo cuando estés a cargo. Entonces tendrás la oportunidad y la opción de responder adecuadamente o de repetir los errores del pasado. Aprendiste que la respuesta correcta es cuando los demás no responden con amor y gracia hacia ti.

Dios sabe cómo impartirte lecciones importantes, pero tienes que prestar atención para que puedas aprender y luego actuar en consecuencia. David aprendió sus lecciones de la mano de un tirano inseguro y decidió no actuar como tal cuando llegó a su trono. Mientras te preparas y te sientas en tu trono, Dios quiere enseñarte el mismo tipo de lecciones de la misma manera. Apréndelas bien y, al hacerlo, disfrutarás de un estilo de vida abundante, porque Dios seguramente te bendecirá, tal como lo hizo con su amigo y siervo David.

CONSEJO DEL TRONO
DIOS A MENUDO USARA A ALGUIEN
QUE ES UN MAL LIDER PARA
ENSEÑARTE COMO SER UNO
BUENO. LUEGO DEBES APLICAR LO
QUE APRENDISTE AL NO REPLICAR
LO QUE TE HICIERON MIENTRAS
OCUPAS TU TRONO.

ESTUDIO 40

UN ESTILO DE VIDA

¿Alguna vez has hecho el bien pero no fue recibido como tal y tal vez incluso se malinterpretó? ¿Has anhelado la paz pero te encuentras en constante guerra? Si respondiste afirmativamente a cualquiera de las dos preguntas, entonces una vez más puedes aprender de la vida de David en la lección de este capítulo sobre cómo sentarte en el trono que Dios tiene para ti. Empecemos.

MAL POR BIEN

David estaba de buen humor, pues acababa de bendecir a Mefiboset, el hijo de Jonatán. Leemos,

> Después de un tiempo, murió Nahas, rey de los amonitas, y su hijo Hanún subió al trono. David dijo: "Le mostraré lealtad a Hanún, así como su padre, Nahas, siempre me fue leal". Entonces David envió embajadores a Hanún para expresarle sus condolencias por la muerte de su padre (2 Samuel 10:1-2a).

Sin embargo, el hijo del rey no respondió bien a la expresión de simpatía de David:

> Pero cuando los embajadores de David llegaron a la tierra de Amón, los comandantes amonitas le dijeron a Hanún, su amo: "¿Realmente cree que estos hombres vienen para honrar a su padre? ¡No, David

los ha enviado a espiar la ciudad para luego venir y conquistarla!". Entonces Hanún
tomó presos a los embajadores de David,
les afeitó la mitad de la barba, les cortó
los mantos a la altura de las nalgas y los
envió avergonzados de regreso a David (2
Samuel 10:2b-4).

Veo dos lecciones que aprender de esta historia (puede que veas más). La primera es que tu
amabilidad no puede basarse en una respuesta an-
ticipada de los demás. Jesús nos enseñó esto en varias ocasiones, esta entrada de Mateo describe una
de ellas:

"Han oído la ley que dice: 'Ama a tu pró-
jimo' y odia a tu enemigo. Pero yo digo:
¡ama a tus enemigos! ¡Ora por los que te
persiguen! De esa manera, estarás actuan-
do como verdadero hijo de tu Padre que
está en el cielo. Pues él da la luz de su sol
tanto a los malos como a los buenos y en-
vía la lluvia sobre los justos y los injustos
por igual. Si solo amas a quienes te aman,
¿qué recompensa hay por eso? Hasta los
corruptos cobradores de impuestos hacen
lo mismo. Si eres amable solo con tus amigos, ¿en qué te diferencias de cualquier
otro? Hasta los paganos hacen lo mismo. Pero tú debes ser perfecto, así como
tu Padre en el cielo es perfecto" (Mateo
5:43-48).

Sin embargo, la acción de los amonitas no fue
solo una ofensa personal, sino más bien una cuestión de seguridad nacional. Así que, a pesar de que
David había estado disfrutando de una temporada
de paz, era hora de ir a la guerra, porque la guerra no
es un evento para nosotros como creyentes, sino más
bien un estilo de vida.

GUERRA CONSTANTE

Es irónico que seamos el pueblo del Dios de la Paz, pero nos encontremos experimentando tanta oposición y guerra espiritual. La Biblia nos dice que no nos cansemos porque nuestra tendencia es hacer precisamente eso: rendirnos porque la oposición es intensa y continua. Así es como se describe nuestra existencia como creyentes en Apocalipsis 12:13-17:

> Y cuando vio el dragón que había sido arrojado a la tierra, persiguió a la mujer que había dado a luz al hijo varón. Y se le dieron a la mujer las dos alas de la gran águila, para que volase de delante de la serpiente al desierto, a su lugar, donde es sustentada por un tiempo, y tiempos, y la mitad de un tiempo. Y la serpiente arrojó de su boca, tras la mujer, agua como un río, para que fuese arrastrada por el río. Pero la tierra ayudó a la mujer, pues la tierra abrió su boca y tragó el río que el dragón había echado de su boca. Entonces el dragón se llenó de ira contra la mujer; y se fue a hacer guerra contra el resto de la descendencia de ella, los que guardan los mandamientos de Dios y tienen el testimonio de Jesucristo.

Ahora volvamos a David. Cuando sus hombres regresaron, David reunió a sus tropas y atacó a sus enemigos mientras se reunían contra Israel. Si quieres aferrarte a lo que Dios te ha dado, debes estar dispuesto a luchar tantas veces como sea necesario. Eso implica fe y oración, pero también tomar acciones diseñadas para oponerse a las fuerzas que quieren robar, matar o destruir lo que Dios te ha dado. Dios te dará poder mientras luchas, pero quiere que te involucres en el proceso para que puedas aprender y crecer. No puedes ser pasivo frente a tus enemigos.

¿Estás cansado? ¿Has pensado en rendirte? ¿Has subestimado tu oposición espiritual y lo que se necesita para que vivas en la promesa de Dios? Si respondes afirmativamente a cualquiera de esas preguntas, entonces toma valor e inspiración del ejemplo de David y lucha por lo que Dios te ha dado. Al mismo tiempo, no estés amargado ni enojado, recordando que la bondad y el perdón son las características por las que debes ser conocido. Representa bien a Dios, pero tampoco apoyes a los enemigos de Dios tratando de tomar lo que es legítimamente tuyo.

CONSEJO DEL TRONO
SI QUIERES AFERRARTE A LO QUE DIOS TE HA DADO, DEBES ESTAR DISPUESTO A LUCHAR TANTAS VECES COMO SEA NECESARIO. ESO IMPLICA FE Y ORACIÓN, PERO TAMBIÉN TOMAR ACCIONES DISEÑADAS PARA OPONERSE A LAS FUERZAS QUE QUIEREN ROBAR, MATAR O DESTRUIR LO QUE DIOS TE HA DADO O QUIERE DARTE.

ESTUDIO 41

PORQUE ÉL PODÍA

¿Alguna vez has estado cerca de líderes que están impresionados consigo mismos? Que tienen la actitud de "yo estoy a cargo y las reglas no se aplican a mí. Puedo hacer lo que quiera, cuando quiera"? Si es así, probablemente fue una experiencia desagradable. El poder del liderazgo es una de las fuerzas más embriagadoras de la tierra, y David, a pesar de que era un hombre conforme al corazón de Dios, no era inmune a sus efectos. Echemos un vistazo al viaje de David al lado oscuro del liderazgo en esta próxima lección sobre cómo puedes sentarte y mantener tu trono de la mejor manera.

PORQUE PODÍA

Estoy seguro de que conoces la historia de David y Betsabé en 2 Samuel 11. Es un evento que tuvo implicaciones para David y su familia por el resto de su vida y más allá. Sin embargo, hay algunas cosas que me molestan de la historia. Una de ellas era ¿qué hacía Betsabé bañándose en su azotea? Quiero decir que ella y su esposo vivían a un paso del palacio del rey, por lo que ya tenían dinero y poder. Mi sensación es que ella estaba tratando de seducir al rey y, por lo que sabemos, su esposo esperaba obtener un ascenso fuera del asentamiento. **Sin embargo, eso es especulación y el hecho es que David se equivocó gravemente, pero ¿cuál fue la naturaleza de su error?**

El problema de David no era la lujuria, aunque eso sería una prioridad en su lista de problemas. Era el poder que tenía. Se le subió a la cabeza y efectuó su juicio. ¿Allí estaba un hombre que se había enfrentado a gigantes de nueve pies de altura en la batalla, pero no pudo resistirse a una aventura con una hermosa mujer? Hizo lo que hizo porque era el rey y, como la frase de una película popular: "Es bueno ser el rey".

Es bueno ser el rey porque el rey está por encima de todos los demás, o eso es lo que se piensa. Él o ella (la reina) obtiene privilegios especiales que otros no obtienen y se convierte en un problema cuando los que están a cargo piensan que se han ganado o merecen esos privilegios. Por lo tanto, cuando esos privilegios se ven amenazados, reaccionan con una fuerza a veces mortal para preservar su rango y poder, que es lo que hizo David:

> Venida la mañana, escribió David a Joab una carta, la cual envió por mano de Urías. Y escribió en la carta, diciendo: Poned a Urías al frente, en lo más recio de la batalla, y retiraos de él, para que sea herido y muera (2 Samuel 11:14-15).

La respuesta de David a su dilema de una mujer casada embarazada del hijo de David fue matar a su esposo. ¿Por qué? Porque podía. Como se dijo anteriormente, es bueno ser el rey.

EL ANTÍDOTO

¿Cuál es la respuesta a la intoxicación del poder del liderazgo? ¿Qué puedes hacer para protegerte de los efectos sutiles e insidiosos de la promoción a una pócima de poder? Solo hay uno y Pablo lo mencionó en Filipenses 2:19-22:

> Espero en el Señor Jesús enviaros pronto a Timoteo, para que yo también esté de buen ánimo al saber de vuestro estado;

pues a ninguno tengo del mismo ánimo, y que tan sinceramente se interese por vosotros. Porque todos buscan lo suyo propio, no lo que es de Cristo Jesús. Pero ya conocéis los méritos de él, que como hijo a padre ha servido conmigo en el evangelio.

La cura para aquellos que están enamorados de su propia importancia o para aquellos que nunca quieren tener ese problema es el servicio a los demás, puro y simple. Cuando David vio a Betsabé por lo que podía obtener de ella en lugar de lo que podía hacer por ella, fue derrotado. Ella no existía para hacerle el bien y servir a sus caprichos; Él estaba en el trono para traer el bien a ella y a todos sus súbditos. Si David sucumbió a las artimañas del poder del liderazgo, entonces tú y yo no somos inmunes y debemos tomar precauciones para asegurarnos de que no nos infecte.

¿Es tu objetivo sentarte en un trono de autoridad y poder? Entonces será mejor que te prepares para ello ahora y parte de eso es saber qué hacer cuando se te entregue ese poder. **¿Lo usarás para beneficio personal o para servir y beneficiar a otros?** Es fácil elegir lo último antes de tener el poder. Una vez que lo tengas, muchas personas, y tal vez incluso algunas más cercanas a ti, susurrarán: "Es bueno ser el rey. ¡Haz lo *que* quieras!"

Todos deberíamos aprender de la debacle de David que el ascenso puede ser un problema si vemos el liderazgo como algo que nos hemos ganado y, por lo tanto, podemos hacer lo que queramos. Si lo vemos como la gracia de Dios dada para el beneficio de los demás, tenemos la oportunidad de disfrutar de nuestro tiempo en nuestro trono más de lo que David lo hizo en el suyo después de su sórdida aventura con la esposa de otro hombre.

CONSEJO DEL TRONO
SI QUIERES APROVECHAR AL
MAXIMO EL TIEMPO EN TU TRONO,
VE TU OPORTUNIDAD NO COMO
UNA OCASION PARA SERVIR A TUS
PROPIOS INTERESES, SINO MAS
BIEN A LOS INTERESES DE LOS
DEMAS. CUANDO ESTAS ENFOCADO
EN LOS DEMAS, REALMENTE ESTAS
ENFOCADO EN DIOS.

ESTUDIO 42

DIOS ESTÁ MIRANDO

Desafortunadamente, no hemos terminado de ver las ramificaciones de la triste historia de David y Betsabé. David mandó asesinar a Urías el hitita, esposo de Betsabé, tomó a Betsabé por esposa, y ella dio a luz a su hijo. Eso significa que pasaron meses antes de que Dios enviara al profeta Natán para confrontar cuidadosa y hábilmente a David con respecto a lo que había hecho.

Parece que David había querido olvidar y seguir adelante como si nada hubiera pasado, pero Dios no estaba dispuesto a permitir que eso sucediera. Lo que hagas con tu oportunidad de liderar e influir será parte de tu legado, y Dios es quien supervisa el legado y nunca olvida, por lo que es importante que aprendas de esta historia.

FIEL AL SEÑOR

A pesar de que David había hecho algo malo, ¡todavía tenía una relación vibrante con el Señor! Después de que Natán se enfrentó a David,

> Entonces dijo David a Natán: Pequé contra Jehová. Y Natán dijo a David: También Jehová ha remitido tu pecado; no morirás. Mas por cuanto con este asunto hiciste

blasfemar a los enemigos de Jehová, el hijo que te ha nacido ciertamente morirá (2 Samuel 12:13-14).

Aunque hubo consecuencias por su pecado, David reconoció al Señor y Dios todavía estaba hablando con él. ¡Qué extraordinaria muestra de amor paternal y disciplina de parte de Dios! Pero luego, cuando el bebé se enfermó, leemos:

Y Natán se volvió a su casa. Y Jehová hirió al niño que la mujer de Urías había dado a David, y enfermó gravemente. Entonces David rogó a Dios por el niño; y ayunó David, y entró, y pasó la noche acostado en tierra. Y se levantaron los ancianos de su casa, y fueron a él para hacerlo levantar de la tierra; mas él no quiso, ni comió con ellos pan (2 Samuel 12:15-17).

¿A quién acudió David en su día de angustia para interceder por el niño? David se volvió a su Dios, y luego, cuando el niño murió, leemos:

Mas David, viendo a sus siervos hablar entre sí, entendió que el niño había muerto; por lo que dijo David a sus siervos: ¿Ha muerto el niño? Y ellos respondieron: Ha muerto. Entonces David se levantó de la tierra, y se lavó y se ungió, y cambió sus ropas, y entró a la casa de Jehová, y adoró. Después vino a su casa, y pidió, y le pusieron pan, y comió (2 Samuel 12:19-20).

A lo largo de esta sórdida historia, Dios estaba al frente del pensamiento de David y a Dios no parecía importarle, porque Dios era el que había "quitado su pecado [el de David]".

LECCIONES

¿Qué podemos aprender de este incidente y de la forma en que se desarrolló? Estas son algunas lecciones rápidas a tener en cuenta:

1. Dios siempre está observando lo que haces. El hecho de que Él esté en silencio, no significa que lo apruebe o respalde.

2. Dios lo ha "visto" todo. No hay pecado que no puedas llevarle a Él y pedirle (y recibir) perdón.

3. El perdón de Dios no significa que todas las consecuencias hayan sido abreviadas o eliminadas.

4. Cuando tropiezas, no es el momento de huir de Dios, sino más bien correr hacia Él.

Estoy seguro de que ves otras lecciones, pero cerremos con este recordatorio de Deuteronomio que harías bien en tener en mente cada vez que disfrutes del éxito de la mano de Dios:

"Y comerás y te saciarás, y bendecirás a Jehová tu Dios por la buena tierra que te habrá dado. Cuídate de no olvidarte de Jehová tu Dios, para cumplir sus mandamientos, sus decretos y sus estatutos que yo te ordeno hoy; no suceda que comas y te sacies, y edifiques buenas casas en que habites, y tus vacas y tus ovejas se aumenten, y la plata y el oro se te multipliquen, y todo lo que tuvieres se aumente; y se enorgullezca tu corazón, y te olvides de Jehová tu Dios, que te sacó de tierra de Egipto, de casa de servidumbre" (Deuteronomio 8:10-14).

CONSEJO DEL TRONO
TU TIEMPO EN TU TRONO SERA
ESTIMULANTE, PERO TEN EN
CUENTA QUE NO ERES PERFECTO
Y COMETERAS ERRORES. CUANTO
ANTES RECONOZCAS ESOS
ERRORES Y APRENDAS DE ELLOS,
RAPIDAMENTE DIOS PODRA HACER
QUE OBREN PARA BIEN MIENTRAS
CONTINUAS TU REINADO.

ESTUDIO 43

GRACIA NOTABLE

¿Alguna vez te has preguntado acerca de la gracia de Dios? ¿Alguna vez has hecho algo que sabías que no merecía la gracia de Dios, pero la recibiste de todos modos? En este estudio, observamos una expresión de la gracia de Dios que es maravillosa, impresionante e inexplicable, recordándonos a todos que los caminos de Dios no son nuestros caminos. Veamos ese incidente de lo que solo puede ser etiquetado como gracia notable.

AMADO POR EL SEÑOR

En el último capítulo, vimos que el bebé de la aventura ilícita de David había muerto después de que Natán confrontó a David por su pecado. El rey había ayunado y orado mientras el bebé luchaba por vivir, solo para que el niño muriera. Luego leemos acerca del siguiente evento significativo en la vida de David que está más allá de la comprensión humana:

> Y consoló David a Betsabé su mujer, y llegándose a ella durmió con ella; y ella le dio a luz un hijo, y llamó su nombre Salomón, al cual amó Jehová, y envió un mensaje por medio de Natán profeta; así llamó su nombre Jedidías, a causa de Jehová (2 Samuel 12:24-25)

Después de que David tuvo una aventura con Betsabé y después de que ella dio a luz a su hijo, y después de que David colocó a su esposo en el campo de batalla donde seguramente moriría, y después de que David tomó a su viuda como su esposa, un bebé fue concebido y dio a luz a quien se llamó Jedidías, que cuando se traduce significa "amado por el Señor".

Eso por sí solo es casi demasiado para asimilar, pero luego, cuando nos damos cuenta del otro nombre del bebé, lo incomprensible es aún más alucinante. El otro nombre del bebé era: Salomón. Sí, el rey más sabio que jamás haya caminado sobre la Tierra, aparte del rey Jesús, fue concebido después de que su hermano había muerto como consecuencia del pecado de sus padres. Las palabras del profeta Isaías son ciertamente veraces:

> "Buscad a Jehová mientras puede ser hallado, llamadle en tanto que está cercano. Deje el impío su camino, y el hombre inicuo sus pensamientos, y vuélvase a Jehová, el cual tendrá de él misericordia, y al Dios nuestro, el cual será amplio en perdonar. Porque mis pensamientos no son vuestros pensamientos, ni vuestros caminos mis caminos, dijo Jehová. Como son más altos los cielos que la tierra, así son mis caminos más altos que vuestros caminos, y mis pensamientos más que vuestros pensamientos" (Isaías 55:6-9).

EL "PROBLEMA" DE LA GRACIA

Por supuesto, no hay "problema" con la gracia. Es tan vital para nosotros como el aire que respiramos, pero el desafío es que podemos contar con él e incluso depender de él en la medida en que voluntariamente hagamos el mal, sabiendo que Dios lo cubrirá con Su gracia. En la iglesia primitiva, algunos pensaban: "Bueno, si la gracia viene a causa del pecado, entonces debemos pecar tan a menudo como sea posible para que siempre haya abundancia de gracia". Pablo reprendió su pensamiento erróneo, sin embargo, escribió repetidamente que debían contar y glorificar a Dios por Su gracia.

La verdad es que podemos contar con la gracia de Dios, que debe hacernos libres, no para actuar voluntariamente, sino para ser nosotros mismos. Piénsalo: si Dios te iba a "atrapar" por pecar, ya ha tenido muchas oportunidades para hacerlo. Sin embargo, no lo ha hecho. Por lo tanto, puedes acercarte a Dios tal como eres, confesando lo que has hecho, y de hecho puedes contar con Su gracia. ¡Eso debería liberarte!

Debería liberarte para ser tú mismo, para aventurarte en la fe, haciendo tu mejor estimación de fe de lo que Dios esperaría de ti, sabiendo que Su gracia va contigo. Esa gracia es capaz de tomar tus fracasos, incluso aquellos provocados por tu terquedad o presunción, y hacer que obren juntos para tu bien. Si Dios pudo hacer que David, Betsabé, Urías y un niño muerto produjeran a Salomón, entonces Dios puede resolver su situación para Su propio propósito a través de Su extraordinaria gracia.

Es posible que hayas leído lo que acabo de escribir y cuestiones su validez o exactitud, y no te culparía si lo hicieras. Cuando tratamos de hablar y describir la gracia de Dios, luchamos por encontrar las palabras, o al menos yo lo hago, palabras que describan adecuadamente el pensamiento y los caminos de Dios en lo que respecta a la gracia. Permítanme terminar diciendo que me alegro de que Dios esté a cargo de dispensar la gracia, porque no haríamos un buen trabajo por la misma razón que acabo de mencionar: no lo entendemos.

Pero sí entiendo lo suficiente como para saber que no estaría escribiendo hoy si no fuera por Su gracia y no anticipo que en el corto plazo Él va a cerrar el canal de Su gracia a mi vida (o a la tuya) que nos ha inundado y rodeado con Su bondad todos los días de nuestras vidas. Y por esto, solo puedo agradecer y alabar a Dios. Te invito a que te unas a mí para hacer lo mismo.

CONSEJO DEL TRONO
PUEDES CONTAR CON LA GRACIA DE DIOS, QUE TE HARA LIBRE, NO PARA ACTUAR VOLUNTARIAMENTE, SINO PARA SER TU MISMO. PUEDES ACERCARTE A DIOS TAL COMO ERES, CONFESANDO LO QUE HAS HECHO O LO QUE NECESITAS, Y CIERTAMENTE PUEDES CONTAR CON SU GRACIA.

ESTUDIO 44

ACCESIBLE

Hemos estado analizando lo que se necesitas para que prosperes en el trono que Dios te da mientras estudiamos las lecciones de la vida de David como rey. A modo de recordatorio, tu trono es lo que sea que tu propósito de vida te lleve a hacer. A medida que te guía, liderarás a otros porque no hay nadie que pueda hacer lo que haces como tú lo haces, y eventualmente atraerá a personas que reconozcan tus habilidades.

Eso ciertamente resultó ser cierto en la vida de David, porque tenía muchos seguidores leales que a menudo arriesgaban sus vidas para llevar a cabo sus órdenes. Sin embargo, cuando David pecó con Betsabé, Dios le quitó el pecado, pero prometió que los problemas nunca se apartarían de su familia y hogar. Uno de los mayores problemas familiares de David resultó ser su hijo, Absalón, a quien veremos en los próximos capítulos. Empecemos por este.

UNA AUDIENCIA CON EL REY

Cuando Absalón se vengó y mató a un hombre que había violado a su hermana, tuvo que huir del reino porque su padre, el rey David, estaba furioso. Entonces, a pesar de que David anhelaba ver a Absalón, no sabía cómo permitirle regresar a la luz de lo que había hecho. Por lo tanto, el general de David, Joab, ideó un plan que le daría al rey una forma de recibir a su hijo de nuevo en el favor de su presencia:

Conociendo Joab hijo de Sarvia que el corazón del rey se inclinaba por Absalón, envió Joab a Tecoa, y tomó de allá una mujer astuta, y le dijo: "Yo te ruego que finjas estar de duelo, y te vistas ropas de luto, y no te unjas con óleo, sino preséntate como una mujer que desde mucho tiempo está de duelo por algún muerto; y entrarás al rey, y le hablarás de esta manera." Y puso Joab las palabras en su boca. "Entró, pues, aquella mujer de Tecoa al rey, y postrándose en tierra sobre su rostro, hizo reverencia, y dijo: ¡Socorro, oh rey!" (2 Samuel 14:1-4).

No nos tomaremos el tiempo de repasar toda la historia, pero siéntete libre de hacerlo tú mismo. En lo que quiero centrarme es en el punto de que el rey era accesible a su pueblo. Vimos antes cómo el profeta Natán podía acercarse al trono y ahora leemos que esta mujer también podía presentarse ante el rey, contarle otra parábola y hacerle entender al rey que tenía que ceder y permitir que Absalón volviera a casa.

Parece notable que el rey de Israel estableciera su día para que sus súbditos pudieran reunirse con él cara a cara. Mientras la mujer desarrollaba su historia ficticia y decía que alguien podría hacerle pasar un mal rato si hacía lo que el rey estaba sugiriendo, David dijo: "Y el rey dijo: 'Al que hablare contra ti, tráelo a mí, y no te tocará más'" (2 Samuel 14:10). La mujer no solo tenía una audiencia con David, sino que se le instruyó que regresara si alguien la molestaba. **¿Qué podemos aprender de esto que nos ayude a aprovechar al máximo nuestro tiempo en nuestros tronos?**

UNA MIRADA RÁPIDA AL FUTURO

Al igual que Moisés, David estaba a disposición de su pueblo para dar consejo y ayudar a resolver disputas. Su hijo Salomón hizo lo mismo, como aprendemos del famoso incidente de las dos mujeres que vinieron antes que él, ambas afirmando ser la madre del mismo bebé. Ahora, avancemos rápidamente al Nuevo Testamento donde veremos que estos profetas y reyes del Antiguo Testamento simplemente estaban señalando hacia el Rey Jesús, el más accesible de todos.

Jesús vivió entre la gente como uno de ellos, sin título ni vestimenta que lo distinguiera de los demás. Cuando comenzó su ministerio público, se negó a quedarse en un solo lugar, sino que viajó por toda Galilea para maximizar su contacto con tantas personas como fuera posible. A menudo tenía que enseñar en campos abiertos para acomodar a las grandes multitudes que caminaban durante días, se sentaban durante días y luego caminaban a casa durante días solo para tener la oportunidad de escuchar las palabras de gracia que salían de sus labios.

Sus oponentes podían interrumpir sus sermones y disputar sus afirmaciones. Los niños podían acercarse a Él para darle un abrazo, y los enfermos podían tocarlo y sanar sin temor a que lo estuvieran contaminando. Maestros famosos podían ir a visitarlo por la noche, y los centuriones y samaritanos podían hablar con Él sin preocuparse de que los expulsaran o los reprendieran.

Sí, el Rey de gloria era (y sigue siendo) accesible a todos, Él que tú y yo seamos iguales. Si queremos maximizar nuestro tiempo en nuestros propios tronos, entonces debemos estar disponibles para responder las preguntas de las personas, compartir nuestros dones y satisfacer sus necesidades.

¿Eres accesible? ¿Pones tu sabiduría y tu tiempo a disposición de los demás? ¿Utilizas las redes sociales y la tecnología para compartir tus ideas y testimonios? ¿Buscas maneras de facilitar que las personas te "toquen"? ¿O adoras en el altar de la privacidad, protegiéndote de las personas y su desorden?

Dios te puso en el trono de tu propósito para el beneficio de los demás, y tu trabajo es encontrar maneras de conectarte con tantos de esos "otros" como sea posible. Al hacerlo, estarás siguiendo los pasos de algunos grandes líderes como David y Salomón, quienes señalaban el camino hacia Aquel que se convertiría en el Rey de la Accesibilidad. Y ahora es nuestro turno de hacerlo disponible a través de nosotros mientras nos sentamos en nuestros propios tronos de propósito.

CONSEJO DEL TRONO
JESÚS ERA Y ES ACCESIBLE A TODOS, Y AHORA ESPERA QUE TÚ SEAS IGUAL. SI QUIERES MAXIMIZAR NUESTRO TIEMPO EN TU TRONO, ENTONCES PONTE A DISPOSICIÓN DE LAS PERSONAS PARA RESPONDER A SUS PREGUNTAS, COMPARTIR TUS DONES Y SATISFACER SUS NECESIDADES.

ESTUDIO 45

TIEMPOS INTENSOS

¿**Alguna vez te has sentido abrumado, deseando que las cosas dejaran de llegarte tan rápido y con tanta intensidad?** Es una experiencia común para todos nosotros, porque cuando Dios te da un trono, un lugar de autoridad y fructificación basado en tu propósito y dones, no sucede de forma aislada o en el vacío. Con eso quiero decir que tu vida no se detiene en otras áreas como la familia, las finanzas, las relaciones y el ministerio. Pueden ocurrir cosas en cualquiera de esas áreas que buscarán desviar tu atención y energía para atender esos asuntos. Eso es exactamente lo que le sucedió a David cuando vemos en esta lección la insurrección de su familia que casi le cuesta a David su trono y su vida.

HORA DE HUIR

En el último estudio, observamos a Absalón, el hijo problemático de David, y en este vemos que su hijo estaba de vuelta, pero esta vez con mala intención en lo que respecta al trono:

> Y un mensajero vino a David, diciendo: El corazón de todo Israel se va tras Absalón. Entonces David dijo a todos sus siervos que estaban con él en Jerusalén: Levantaos y huyamos, porque no podremos escapar delante de Absalón; daos prisa a partir, no sea que apresurándose él nos alcance,

y arroje el mal sobre nosotros, y hiera la ciudad a filo de espada. Y los siervos del rey dijeron al rey: He aquí, tus siervos están listos a todo lo que nuestro señor el rey decida (2 Samuel 15:13-15).

David no tuvo tiempo de reunirse con su hijo para tratar de razonar con él. Tampoco tuvo tiempo de sentir lástima de sí mismo ni de los demás. David tuvo que liderar a pesar de que probablemente estaba sufriendo emocionalmente. Veremos en un estudio posterior que el corazón de David era salvar a su hijo, pero por el momento, tenía otros asuntos que atender, como actuar en nombre de las personas que todavía lo esperaban en busca de liderazgo y dirección. Cuando lees el resto de 2 Samuel 15, ves que David tuvo que tomar una serie de decisiones mientras seguía poniendo su esperanza y confianza en Dios de que un día regresaría a su trono.

TIEMPOS DIFÍCILES

¿Qué tan intenso puede llegar a ser para ti cuando asumes el trono de liderazgo que Dios tiene para ti? Probablemente más de lo que imaginabas. Esta historia me hace pensar en el apóstol Pablo, quien ciertamente no era ajeno a la persecución y la presión en el desempeño de sus deberes apostólicos. Pablo escribió para compartir con nosotros algunos de sus desafíos:

De los judíos cinco veces he recibido cuarenta azotes menos uno. Tres veces he sido azotado con varas; una vez apedreado; tres veces he padecido naufragio; una noche y un día he estado como náufrago en alta mar; en caminos muchas veces; en peligros de ríos, peligros de ladrones, peligros de los de mi nación, peligros de los gentiles, peligros en la ciudad, peligros en el desierto, peligros en el mar, peligros entre falsos hermanos; en trabajo y fatiga, en muchos desvelos, en hambre y sed, en muchos ayunos, en frío y en desnudez; (2 Corintios 11:24-27).

Como si eso no fuera suficiente, Paul agregó: "y además de otras cosas, lo que sobre mí se agolpa cada día, la preocupación por todas las iglesias. 29 ¿Quién enferma, y yo no enfermo? ¿A quién se le hace tropezar, y yo no me indigno?" (2 Corintios 11:28-29). Pablo no podía dedicar tiempo a atender sus propios problemas, porque estaba involucrado en el cuidado de los demás. Tuvo que liderar mientras soportaba tiempos intensos, comenzando confesando,

Que estamos atribulados en todo, mas no angustiados; en apuros, mas no desesperados; perseguidos, mas no desamparados; derribados, pero no destruidos; llevando en el cuerpo siempre por todas partes la muerte de Jesús, para que también la vida de Jesús se manifieste en nuestros cuerpos (2 Corintios 4:8-10).

Proverbios 24:10 dice: "Si fallas bajo presión, tu fuerza es escasa" (NTV). La traducción del Mensaje lo expresa de esta manera: "Si te caes a pedazos en una crisis, no había mucho para ti en primer lugar". Si realmente quieres sentarte en tu trono, entonces tendrás que aprender a gobernar en tiempos de problemas. Esos momentos le enseñaron a Pablo que sus desafíos llegaron para que "la vida de Jesús se manifieste en nuestro cuerpo". Tus tiempos difíciles harán lo mismo, pero solo si mantienes el rumbo, incluso cuando el campo está rocoso o nublado. Como escribió una vez un autor, "los tiempos difíciles nunca duran, la gente dura sí". ¡Es hora de ver cuán duro eres realmente, o más bien cuán duro puede hacerte ser el Dios en ti!

CONSEJO DEL TRONO
DURANTE TU REINADO, HABRA
BUENOS Y MALOS MOMENTOS. ESOS
MOMENTOS TE ENSEÑAN QUE LOS
DESAFIOS LLEGARON PARA QUE
"LA VIDA DE JESUS SE MANIFIESTE
EN [TU] NUESTRO CUERPO". TUS
TIEMPOS DIFICILES HARAN LO
MISMO, PERO SOLO SI MANTIENES
EL RUMBO, INCLUSO CUANDO
EL RUMBO ES ROCOSO O POCO
CLARO.

ESTUDIO 46

ACUMULANDO

En el fútbol americano, no está permitido tener contacto con un jugador después de que esté caído y el árbitro haya hecho sonar el silbato indicando que la jugada ha terminado. Solía denominarse "acumulación", pero hoy en día se le llama simplemente golpe tardío o falta personal. El propósito de este libro es ayudarte a comprender lo que se necesitará para que te sientes en el trono que Dios te da, y estamos definiendo el trono como cualquier propósito que Dios tenga para que cumplas. En este capítulo, veamos a alguien que fue culpable de acumular cuando David huía de la ciudad debido al complot de su hijo para derrocar al gobierno, y veamos cómo respondió David a este "golpe tardío".

TIRANDO PIEDRAS

Mientras David huía, muchas personas salieron a saludarlo y ofrecerle consuelo, pero un hombre llamado Simei aprovechó la oportunidad para decir lo que tenia guardado en su corazón y le dijo a David lo que realmente pensaba de él. Veamos cómo David manejó a este descendiente de Saúl, que no era un gran admirador de la vida o el liderazgo de David:

> Cuando el rey David se acercó a Bahurim,
> un hombre del mismo clan que la familia
> de Saúl salió de allí. Su nombre era Simei,

hijo de Gera, y maldijo al salir. Arrojó piedras a David y a todos los funcionarios del rey, aunque todas las tropas y la guardia especial estaban a derecha e izquierda de David. Mientras maldecía, Simei dijo: "¡Fuera, fuera, asesino, sinvergüenza! El Señor te ha pagado por toda la sangre que derramaste en la casa de Saúl, en cuyo lugar has reinado. El Señor ha entregado el reino en manos de tu hijo Absalón. ¡Has venido a la ruina porque eres un asesino!"

Entonces Abisai hijo de Sarvia dijo al rey: "¿Por qué maldice este perro muerto a mi señor el rey? Te ruego que me dejes pasar, y le quitaré la cabeza." Y el rey respondió: "¿Qué tengo yo con vosotros, hijos de Sarvia? Si él así maldice, es porque Jehová le ha dicho que maldiga a David. ¿Quién, pues, le dirá: Por qué lo haces así?" Y dijo David a Abisai y a todos sus siervos: "He aquí, mi hijo que ha salido de mis entrañas, acecha mi vida; ¿cuánto más ahora un hijo de Benjamín? Dejadle que maldiga, pues Jehová se lo ha dicho. Quizá mirará Jehová mi aflicción, y me dará Jehová bien por sus maldiciones de hoy" (2 Samuel 16:5-12).

Abisai, uno de los hombres de David, quería silenciar a Simei cortándole la cabeza, lo que sin duda habría sido una pena severa por "amontonarse", el equivalente a una tarjeta roja en fútbol. Sin embargo, la respuesta de David es intrigante, como lo indica la pregunta que le hizo a Abisai: "¿Qué tal si el Señor envió a este hombre a maldecirme?" De hecho, David llegó a la conclusión de que Dios *lo había* enviado y eligió poner su enfoque en la esperanza de que Dios restauraría su "bendición del pacto". A pesar de que David estaba huyendo, a pesar de que uno de sus súbditos se estaba amontonando cuando estaba deprimido, David mantuvo sus ojos en el Señor.

UN MEJOR MODELO A SEGUIR

David proporciona un maravilloso ejemplo aquí de no tomar el asunto en nuestras propias manos cuando las personas se oponen o incluso abusan de nosotros. Sin embargo, ahora tenemos un modelo a seguir aún más significativo y glorioso de qué hacer cuando las personas nos faltan el respeto a nosotros o a nuestro trono, y ese ejemplo no es otro que Jesús. Pedro escribió:

> Es obvio que no hay mérito en ser paciente si a uno lo golpean por haber actuado mal. Pues Dios los llamó a hacer lo bueno, aunque eso signifique que tengan que sufrir, tal como Cristo sufrió por ustedes. Él es su ejemplo, y deben seguir sus pasos. Él nunca pecó y jamás engañó a nadie. No respondía cuando lo insultaban ni amenazaba con vengarse cuando sufría. Dejaba su causa en manos de Dios, quien siempre juzga con justicia (1 Pedro 2:20b-23).

Es importante confiar en el Señor no solo para encontrar y sentarse en tu trono, sino también para confiar en Él para mantener tu trono. Pablo escribió esto a los gálatas: "¿Será posible que sean tan tontos? Después de haber comenzado su nueva vida en el Espíritu, ¿por qué ahora tratan de ser perfectos mediante sus propios esfuerzos?" (Gálatas 3:3), y es una buena amonestación para ti también. Si Dios ha creado un lugar para que florezcas y des fruto, entonces depende de Dios ayudarte a mantener lo que Él te ha dado.

Si alguien te amenaza o te falta el respeto, haz lo que puedas para protegerte, pero ten en cuenta que Dios puede estar enseñándote algo a través de la prueba y esa lección puede ser tu necesidad continua de confiar en Él no solo para la provisión sino para la preservación de lo que Él proveyó. Si alguien elige "amontonarse" durante tu tiempo de angustia, mantén tus ojos en el Señor y confía en Él para restaurar tu fortuna y preservar el trono que Él te ha asignado.

CONSEJO DEL TRONO
SI ALGUIEN TE AMENAZA O TE FALTA EL RESPETO, HAZ LO QUE PUEDAS PARA PROTEGERTE, PERO TEN EN CUENTA QUE DIOS PUEDE ESTAR ENSEÑÁNDOTE ALGO A TRAVÉS DE LA PRUEBA. ESA LECCIÓN PUEDE SER TU NECESIDAD CONTINUA DE CONFIAR EN ÉL NO SOLO PARA LA PROVISIÓN SINO PARA LA PRESERVACIÓN DE LO QUE ÉL HA PROVISTO.

ESTUDIO 47

PREPARACIÓN

¿Alguna vez te has preguntado por qué tienes que pasar por tanta preparación para llegar a la plenitud de lo que Dios tiene para ti? ¿Parece que tu tiempo de entrenamiento y disciplina nunca va a terminar? Si es así, hay algunas explicaciones útiles para ti en esta lección al analizar lo que le sucedió a Absalón, el hijo de David, después de que lideró una rebelión contra su padre David.

UN CONTRASTE EN LA PREPARACIÓN

Hemos examinado en estudios anteriores por lo que pasó David para finalmente sentarse en su trono. Pasó por décadas de decepción, persecución y entrenamiento para finalmente ascender a su papel de liderazgo. Hemos visto que David aprendió a no vengarse de sus enemigos, sino a confiar en que el Señor lo hará. David aprendió a *no* liderar de las manos del traicionero rey Saúl, quien trató de asesinar a David en más de unas pocas ocasiones. Sí, Dios hizo un trabajo minucioso al preparar a David y, aunque no era un hombre perfecto, siempre fue un hombre conforme al corazón de Dios.

Absalón, por otro lado, no tuvo tiempo de preparación para su trono. Lo deseaba mucho y lo quería en sus términos. No dudó en matar a su hermano que había hecho daño a su hermana, y luego comenzó una campaña para alejar los corazones de la gente de su padre. Finalmente, se levantó, se declaró rey y persiguió a su padre para matarlo porque veía a su padre como un rival político. El problema con Absalón se declara en 2 Samuel 14:25: "Absalón era elogiado como el hombre más apuesto de todo Israel. De pies a cabeza era perfecto".

Absalón no vio quién era o qué tenía como un regalo de Dios para ser usado para los demás, sino más bien como algo que merecía que existía para beneficiarlo solo a él. Y en realidad, Absalón no tenía nada que ver con su 'buena apariencia', por lo que no había razón para estar orgulloso, insistiendo en que el trono le pertenecía. Si era guapo, es porque Dios lo hizo así.

David tuvo la oportunidad de lidiar con sus defectos en el camino hacia su trono, pero Absalón pensó que el trono era algo que se merecía y que si no lo tenía, entonces lo tomaría por la fuerza si era necesario, suponiendo que estuviera listo y pudiera. De hecho, fue la belleza de Absalón, específicamente su cabello, lo que finalmente lo llevó a su caída. Ahora ves por qué Dios hizo pasar a David por lo que hizo, porque esos rasgos que Dios produjo en tiempos difíciles faltaban en Absalón porque él, a diferencia de su padre, no tenía preparación.

EL CORAZÓN IMPORTA

Cuando vine al Señor, sabía que sería un líder y pensé que estaba listo. Razoné: **¿Qué tan difícil puede ser liderar? Dios está conmigo, soy un tipo bastante inteligente y me dirá qué hacer.** Sin embargo, ignoraba por completo mis propias ambiciones y los defectos de mi corazón y carácter. Es por eso que tuve jefes sin escrúpulos (antes de entrar en el trabajo de la iglesia) que abusaron de mí y me usaron.

Es por eso que fui pastor asociado durante 11 años, pero durante ese tiempo solo hablé dos veces desde el púlpito. Es por eso que me encontré sirviendo en áreas del ministerio que no me gustaban y donde no me sentía cómodo. Dios me puso en todas esas situaciones para que pudiera ser liberado de mí mismo y aprender a servir. Dios tenía mucho trabajo que hacer en mí y todas esas situaciones difíciles fueron mis tutores.

En todos mis años de hacer parte del equipo ministerial de la iglesia, nadie me preguntó qué sentía que el Señor tenía para mí en el ministerio, y eso fue para que aprendiera a preguntar eso a los demás cuando recibiera mi trono de propósito. Los versículos que Dios martilló en mi mente y corazón durante esos años fueron:

1. Criados, estad sujetos con todo respeto a vuestros amos; no solamente a los buenos y afables, sino también a los difíciles de soportar (1 Pedro 2:18).

2. Nada hagáis por contienda o por vanagloria; antes bien con humildad, estimando cada uno a los demás como superiores a él mismo (Filipenses 2:3).

3. Y todo lo que hagáis, hacedlo de corazón, como para el Señor y no para los hombres; sabiendo que del Señor recibiréis la recompensa de la herencia, porque a Cristo el Señor servís (Colosenses 3:23-24).

Si bien esos fueron años difíciles, me moldearon y me convirtieron en el hombre en el que me he convertido. Hoy, estoy haciendo lo que amo todo el día todos los días en todo el mundo porque me sometí a la preparación de Dios, por frustrante y confusa que fuera a veces.

¿Y ahora qué hay de ti? ¿Estás en un momento de preparación? ¿Ves que Dios no solo debe equiparte con habilidades prácticas, sino también con la formación del carácter para que tu trono sea una bendición y no tu perdición? Además, ¿tienes miedo de salir de tu preparación, esperando la perfección en lugar de la realidad de que nunca serás impecable hasta que el Señor regrese o vayamos a Él?

Te insto a que honres y cooperes con tus temporadas de desarrollo, porque Dios sabe lo que está haciendo y puede prepararte para tu futuro, un futuro que no puedes ver, pero solo puedes aceptar con fe que un día llegará, y estarás listos.

CONSEJO DEL TRONO TU DESARROLLO PERSONAL NO SOLO OCURRIÓ EN EL CAMINO HACIA TU TRONO, SINO QUE CONTINÚA MIENTRAS TE SIENTAS EN TU TRONO. SI CONTINÚAS APRENDIENDO Y CRECIENDO, DIOS PODRÁ USARTE DURANTE TODOS LOS DÍAS DE TU TIEMPO EN EL TRONO. SI TE NIEGAS, ENTONCES EL IMPACTO DE TU TRONO SERÁ LIMITADO.

ESTUDIO 48

LIDIAR CON LA OPOSICIÓN

Vimos anteriormente cómo un hombre llamado Simei se encontró con David durante su retiro de Jerusalén para insultar y deshonrar al rey. Después de que Dios preservó a David durante la revuelta de su malvado hijo Absalón, David regresó a Jerusalén, solo para que Simei fuera el primero en saludarlo cuando regresó:

> Y cruzaron el vado para pasar a la familia del rey, y para hacer lo que a él le pareciera. Entonces Simei hijo de Gera se postró delante del rey cuando él hubo pasado el Jordán, y dijo al rey: No me culpe mi señor de iniquidad, ni tengas memoria de los males que tu siervo hizo el día en que mi señor el rey salió de Jerusalén; no los guarde el rey en su corazón. Porque yo tu siervo reconozco haber pecado, y he venido hoy el primero de toda la casa de José, para descender a recibir a mi señor el rey (2 Samuel 19:18-20).

Cuando David regresó con su corona intacta, Simei estaba cantando una melodía diferente, esta vez humillándose, con la esperanza de ahorrarse cualquier castigo por su tontería anterior. **¿Cómo**

respondió David a este hombre? ¿Fue Simei sincero en su reconocimiento de su indiscreción? ¿Cómo
debes responder a aquellos que te han hecho daño?
Veamos si podemos responder a esas preguntas en
este capítulo.

LAS RESPUESTAS

Comencemos con Simei. **¿Era sincero? ¿O
simplemente temía por su vida después de lo que
había hecho?** La respuesta es que realmente no lo
sabemos. Solo Dios conoce el corazón, por lo que es
mejor dejarle los asuntos del corazón a Él. Jesús nos
dirigió a juzgar el fruto y no los corazones: "Por su
fruto los conoceréis" (Mateo 7:16). Debemos examinar el fruto para determinar si alguien está diciendo
la verdad o miente, y eso lleva tiempo para ver qué
tipo de fruto sigue a lo que dice una persona. Solo
el tiempo diría si Simei era sincero o volvería a ser
desagradable.

Para ver cómo respondió David, veamos el
curso de acción que le recomendó uno de sus con-
sejeros: "Respondió Abisai hijo de Sarvia y dijo: ¿No
ha de morir por esto Simei, que maldijo al ungido de
Jehová?" (2 Samuel 19:21) a lo que David respondió:

> David entonces dijo: "¿Qué tengo yo con
> vosotros, hijos de Sarvia, para que hoy
> me seáis adversarios? ¿Ha de morir hoy
> alguno en Israel? ¿Pues no sé yo que hoy
> soy rey sobre Israel? Y dijo el rey a Simei:
> No morirás. Y el rey se lo juró" (2 Samuel
> 19:22-23).

En esencia, David dijo: "No necesito demos-
trar que soy el rey y que estoy a cargo matando a
este hombre. Este no es un día para la venganza, sino
para la humildad, porque el Señor ha elegido en Su
misericordia restaurarme. Ya que Él ha sido misericordioso, seguiré Su ejemplo". Así es como David
manejó su primer encuentro con Simei mientras

huía de Absalón, y regresaba a su trono con el mismo espíritu y comportamiento. No había venganza ni necesidad de retribución en su corazón.

NUESTRAS LECCIONES

¿Qué podemos aprender de esta historia? Primero, David sabía que en última instancia no se trataba de él, y debes recordar que mientras Dios te promueve no se trata de ti. Si bien David es un buen modelo aquí, Jesús es el mejor modelo porque *nunca* tomó las cosas personalmente. Convirtió las sesiones más intensas con Sus oponentes en oportunidades de enseñanza y aprendizaje para los interesados, y nunca tomó represalias por las ofensas que soportó.

En segundo lugar, no depende de ti vengar a los que pecan contra ti, porque no serías tan objetivo como necesitas ser en el proceso. En cambio, debes confiar en el Señor que hizo esta promesa en Deuteronomio 32:35: "Mía es la venganza y la retribución; a su tiempo su pie resbalará, porque el día de su aflicción está cercano, y lo que les está preparado se apresura".

Pablo repitió lo prometido en Romanos 12:19: "No os venguéis vosotros mismos, amados míos, sino dejad lugar a la ira de Dios; porque escrito está: Mía es la venganza, yo pagaré, dice el Señor". Finalmente, Jesús estableció un nuevo estándar sobre cómo tratar con los enemigos cuando enseñó:

> "Oísteis que fue dicho: Amarás a tu prójimo, y aborrecerás a tu enemigo. Pero yo os digo: Amad a vuestros enemigos, bendecid a los que os maldicen, haced bien a los que os aborrecen, y orad por los que os ultrajan y os persiguen; para que seáis hijos de vuestro Padre que está en los cielos, que hace salir su sol sobre malos y buenos, y que hace llover sobre justos e injustos" (Mateo 5:43-45).

Si vas a sentarte y permanecer en el trono de liderazgo que Dios te da, tendrás que aprender a lidiar con tus detractores, y tendrás varios. No todos se regocijarán cuando te asciendan, por lo que es mejor aprender a no dejarse consumir por sus murmuraciones o críticas. Mantén a David y a Jesús ante ti como tus modelos de cómo tratar a aquellos que te maltratan o te faltan el respeto y te posicionarás para que Dios sea el que pelee tus batallas.

Toma el asunto en tus propias manos y gastarás tiempo y energía tratando de mantener un trono que no te ganaste con tu poder o fuerza. Fue un regalo de Dios y ahora tienes la oportunidad de representarlo respondiendo a los demás como Él quiere que lo hagas, incluso a aquellos que cuestionan por qué tienes un trono en primer lugar.

CONSEJO DEL TRONO
SI VAS A SENTARTE Y PERMANECER EN EL TRONO DE LIDERAZGO QUE DIOS TE DA, TENDRÁS QUE APRENDER A LIDIAR CON TUS DETRACTORES, Y TENDRÁS VARIOS. MANTÉN A DAVID Y A JESÚS ANTE TI COMO TUS MODELOS DE CÓMO TRATAR A LOS QUE TE MALTRATAN O TE FALTAN EL RESPETO Y PERMITE QUE DIOS PELEE TUS BATALLAS.

ESTUDIO 49

EL REY Y SU CORTE

En un estudio anterior, vimos la necesidad de David de organizar su reino como se describe en 2 Samuel 8 y lo relacionamos con su necesidad de organizar su propio mundo de propósito, creatividad, vida, ministerio y trabajo a medida que crecen y se expanden. Ahora, en este capítulo, veremos en 2 Samuel 20 que el escritor compartió con nosotros una estructura revisada y el nuevo personal que la acompañaba en el reino de David:

> Así quedó Joab sobre todo el ejército de Israel, y Benaía hijo de Joiada sobre los cereteos y peleteos, y Adoram sobre los tributos, y Josafat hijo de Ahilud era el cronista. Seva era escriba, y Sadoc y Abiatar, sacerdotes, e Ira jaireo fue también sacerdote de David (2 Samuel 20:23-26).

Solo hay cuatro versículos y quiero tener cuidado de no leer demasiado en estos pocos versículos, pero me parece interesante que el Espíritu Santo sintiera que era significativo compartir esto. Veamos si podemos dar sentido a los cambios que tuvieron lugar.

LAS DOS LISTAS

En 2 Samuel 8, habíamos visto la alineación de la siguiente manera:

Y reinó David sobre todo Israel; y David

administraba justicia y equidad a todo su pueblo. Joab hijo de Sarvia era general de su ejército, y Josafat hijo de Ahilud era cronista; Sadoc hijo de Ahitob y Ahimelec hijo de Abiatar eran sacerdotes; Seraías era escriba; Benaía hijo de Joiada estaba sobre los cereteos y peleteos; y los hijos de David eran los príncipes (2 Samuel 8:15-18).

Lo primero que notamos es que después de la rebelión de Absalón en 2 Samuel 20, los hijos de David ya no figuran como sacerdotes. En primer lugar, no deberían haber sido sacerdotes, y David probablemente fue culpable de hacer un lugar para sus hijos simplemente porque eran sus hijos, y no se basó en su unción o llamado. La práctica de contratar y promover a la familia cuando no están calificados se llama nepotismo y David parecía ser culpable de ello, pero corrigió su error la segunda vez.

Luego vemos en la nueva estructura que David tenía su propio sacerdote llamado Jairita. No hay una directiva bíblica para que el rey tenga un asesor espiritual personal y no tenía uno en 2 Samuel 8. Tal vez David decidió después de sus problemas con Betsabé, el levantamiento de su familia y su constante trato con los problemas locales que necesitaba más información y supervisión espiritual.

Finalmente, hay una cita inquietante en la segunda lista que no estaba en la primera: "Adoniram estaba a cargo del trabajo forzado" 2 Samuel 20:24. **¿Quiénes eran los que estaban entre las personas obligadas a trabajar para David? ¿Fueron soldados capturados de sus muchas guerras y obligados a servir como esclavos? ¿Eran del propio pueblo de David, tal vez sus oponentes? ¿Y en qué trabajaban esos trabajadores forzados?** La Biblia no responde a esas preguntas, pero hay una omisión en la segunda lista que se nota en su ausencia y que puede darnos una pista.

EL RASGO QUE FALTA

En 2 Samuel 8, se nos dice que "David reinó sobre todo Israel, haciendo lo que era justo y recto para todo su pueblo". Ese respaldo o elogio falta en la segunda lista. Es difícil mantener un buen liderazgo durante un largo período de tiempo sin recurrir al uso y posible abuso de poder. Tal vez el historiador de David retuvo el cumplido esta segunda vez porque ya no era cierto y la presencia de un supervisor de trabajos forzados parecería indicar que hubo un cambio en el estilo de liderazgo de David, a pesar de tener acceso a un sacerdote personal siempre que lo necesitaba.

Si vas a mantener tu trono, el lugar de liderazgo y fecundidad que Dios te ha asignado, tendrás que trabajar para mantener tu actitud y tu corazón libres de mal uso del poder que tienes. Parecería que el consejero espiritual o sacerdote personal de David no pudo evitar que esto sucediera, y tu conexión con las fuentes espirituales no te impedirá hacer lo mismo a menos que reconozcas el peligro. Como he señalado en estudios anteriores, la única forma de que tu éxito no se te suba a la cabeza es servir a los demás.

David comenzó a servir a su familia dándoles posiciones que no merecían y su reino y el pueblo sufrieron por ello. Luego comenzó a usar a otros como trabajadores forzados por cualquier razón. Te insto a que te des cuenta de los peligros inherentes al poder de liderazgo y hagas lo que puedas para mantenerte cerca de las necesidades de las personas y no solo de las tuyas o de las personas más cercanas a ti mientras te sientas en el trono que Dios tiene para ti.

CONSEJO DEL TRONO
SI VAS A MANTENER TU TRONO,
EL LUGAR DE LIDERAZGO Y
PRODUCTIVIDAD QUE DIOS TE
HA ASIGNADO, TENDRAS QUE
TRABAJAR PARA MANTENER TU
ACTITUD Y TU CORAZON LIBRES DE
MAL USO DEL PODER QUE POSEES.
LA UNICA FORMA DE QUE TU EXITO
NO SE TE SUBA A LA CABEZA ES
SERVIR A LOS DEMAS.

ESTUDIO 50

UN DÍA TERMINARÁ

A medida que nos acercamos al final de esta serie, también nos acercamos al final del reinado y la vida de David. David todavía estaba lo suficientemente en forma como para ir a la batalla, pero como leemos en este pasaje, no era lo suficientemente fuerte como para terminar la batalla:

> Volvieron los filisteos a hacer la guerra a Israel, y descendió David y sus siervos con él, y pelearon con los filisteos; y David se cansó. E Isbi-benob, uno de los descendientes de los gigantes, cuya lanza pesaba trescientos siclos de bronce, y quien estaba ceñido con una espada nueva, trató de matar a David; mas Abisai hijo de Sarvia llegó en su ayuda, e hirió al filisteo y lo mató. Entonces los hombres de David le juraron, diciendo: Nunca más de aquí en adelante saldrás con nosotros a la batalla, no sea que apagues la lámpara de Israel (2 Samuel 21:15-17).

Veamos qué lecciones podemos aprender de esta parte de la historia de David que pueden ayudarnos a administrar y prosperar en nuestra propia posición de propósito que Dios nos ha asignado a cada uno de nosotros.

RENDIMIENTOS DECRECIENTES

Ninguno de nosotros saldrá vivo de aquí. A

menos que el Señor regrese, todos moriremos. La muerte es identificada como un enemigo, el último enemigo conquistado por Cristo:

> Luego el fin, cuando entregue el reino al Dios y Padre, cuando haya suprimido todo dominio, toda autoridad y potencia. Porque preciso es que Él (Cristo) reine hasta que haya puesto a todos sus enemigos debajo de sus pies. Y el postrer enemigo que será destruido es la muerte (1 Corintios 15:24-26).

En cierto sentido, Cristo ha destruido la muerte a través de su resurrección, y podemos disfrutar de una muestra de la vida de resurrección ahora, pero aún debemos ceder a nuestro enemigo antes de entrar en la plenitud de nuestra vida eterna. La desafortunada realidad ahora es que los viejos mueren y los jóvenes pueden morir.

En la mayoría de los casos, la muerte es un proceso que implica envejecer y disminuir la fuerza que produce rendimientos decrecientes por nuestros esfuerzos. Aunque esto es cierto, todavía hay algunos que piensan que pueden vencer las probabilidades a través de alimentos saludables, suplementos, ejercicio u otras decisiones de estilo de vida. Luego hay algunos que creen que el final está tan lejos para ellos que pueden continuar viviendo como quieran sin pensar en un plan de sucesión o incluso preparándose para su eventual final. Parece que David fue culpable de esto.

"TODAVÍA PUEDO HACERLO"

David salió a la batalla porque pensó que todavía "lo tenía", aunque no lo tenía. Otros tuvieron que intervenir para hacer su trabajo y luego insistir en que se quedara en casa a partir de ese momento. A veces es difícil reconocer que tenemos limitaciones, pero es importante que lo tengas en cuenta sin importar qué tan bien te sientas o qué tan saludable estés. Tu fin se acerca; es solo cuestión de tiempo. Armado con esa verdad, ¿cuál debería ser tu filosofía de vida?

1. Aprovecha al máximo cada día que tienes.

2. No dificultes que otros tomen tu lugar.

3. Prepara a otros para que ocupen tu lugar.

4. No esperes hasta que no tengas otra opción para permitir que otros tomen tu lugar.

5. Planifica una transición sin problemas si estás en una posición de liderazgo, o si tienes habilidades o conocimientos que pueden transferirse a otros.

6. Mantente productivo todo el tiempo que puedas, pero acepta que habrá rendimientos decrecientes de tus esfuerzos.

Dios te ha dado un trono, un lugar de productividad y autoridad, pero el reloj está corriendo en tu vida útil. Acéptalo como una realidad y disfrútalo mientras dure, pero debes estar dispuesto a hacerte a un lado cuando termine, y tal vez mucho antes de que termine. Dios todavía te usará, pero no quieres que tus campeones a tu alrededor que te aman y respetan sean los que tengan que ayudarte a enfrentar la realidad de que es hora de renunciar. Si lo haces con gracia, puede ser una tremenda oportunidad de enseñanza que agregará significado a tu legado a medida que tu impacto desde tu trono continúe en las generaciones futuras.

CONSEJO DEL TRONO
ACEPTA LA REALIDAD DE QUE
UN DIA TU TIEMPO EN EL TRONO
LLEGARA A SU FIN. ESTA DISPUESTO
A ACEPTAR TUS LIMITACIONES Y HAZ
LO QUE PUEDAS PARA ASEGURARTE
DE QUE TU INFLUENCIA CONTINUE
A TRAVES DE LOS DEMAS. ESO
PUEDE INCLUIR CAPACITACION
Y HACER ESPACIO PARA TU(S)
SUCESOR(ES).

ESTUDIO 51

UN REGALO DE AGUA

¿**Te has encontrado con líderes que estaban llenos de sí mismos, impresionados con sus propias habilidades y posición? ¿Cómo te hicieron sentir? ¿Querías estar cerca de ellos? ¿Servirlos? ¿Honrarlos?** Probablemente trabajaste para ellos o con ellos porque tenías que hacerlo, pero probablemente no te provocaron mucha lealtad o compromiso.

Hemos visto a lo largo de esta serie que aunque el rey David no era un hombre perfecto, Dios estuvo con él durante toda su vida: "Estas son las últimas palabras de David: "David, hijo de Isaí; David, el hombre que fue elevado tan alto; David, el hombre ungido por el Dios de Jacob; David, el dulce salmista de Israel, declara:" (2 Samuel 23:1). David evocó una gran lealtad de sus seguidores, lo que indica claramente que los más cercanos a él lo respaldaron como líder, profeta y hombre de Dios. En esta entrada, veamos un ejemplo del amor del pueblo por David y su respuesta a su celo por servirlo y complacerlo.

AGUA DEL POZO

Aquí hay una historia que indica el amor que el pueblo tenía por David:

David les comentó a sus hombres un vivo deseo: "¡Ah, cómo me gustaría tomar un poco de esa buena agua del pozo que está junto a la puerta de Belén!". Entonces los Tres atravesaron las líneas filisteas, sacaron agua del pozo junto a la puerta de Belén y se la llevaron a David. Pero David rehusó tomarla, en cambio la derramó como ofrenda al Señor. "¡No permita el Señor que la beba!—exclamó—. Esta agua es tan preciosa como la sangre de estos hombres que arriesgaron la vida para traérmela". De manera que David no la tomó. Estos son ejemplos de las hazañas de los Tres (2 Samuel 23:15-17).

David expresó su deseo de un poco de agua favorita de su ciudad natal al alcance del oído de algunas de sus tropas. Tres de sus hombres se encargaron de arriesgar sus vidas para cumplir el deseo de David. Rompieron las líneas enemigas, sacaron el agua y se la devolvieron a David, esperando que saboreara cada gota. En cambio, David se negó a beberlo y lo derramó en el suelo como ofrenda al Señor. Imagínese cómo se deben haber sentido esos hombres cuando David hizo eso. **¿Qué estaba pensando David?**

Si bien David ocasionalmente actuó en su propio interés con resultados devastadores, durante la mayor parte de su reinado (e incluso antes), puso las necesidades de la gente por delante de las suyas. Usó su poder para empoderar a otros y la lista de sus hombres poderosos en 2 Samuel 23 prueba ese punto. Para David, el liderazgo no se trataba de él; se trataba de otros.

LAS LECCIONES

David no podía aceptar su regalo de agua porque la gente había arriesgado sus vidas para obtenerla. Sabía que ese tipo de compromiso debía reservarse para Dios y solo para Dios. No tenía intención de recibirlo porque existía el peligro para él de que pensara que merecía el sacrificio y el esfuerzo de los demás por ser quien era y cómo Dios lo había bendecido. Harías bien en tener esta misma actitud de no aprovecharte de las personas que te rodean mientras sirves en la posición que Dios te ha dado.

Mientras te sientas en tu trono de vida con propósito, en realidad no se trata de ti. Primero, se trata de Dios que te puso allí para que puedas servir a Sus intereses. En segundo lugar, cualquier poder de liderazgo y autoridad que tengas es para empoderar a otros y no para construir tu propio reino. En tercer lugar, eres el primero entre iguales con tus seguidores y compañeros, y no hay lugar para la arrogancia o el orgullo. Tienes lo que tienes por la gracia de Dios, no por tus propios esfuerzos (aunque te esfuerces mucho a diario).

David rechazó un regalo que veía como algo de lo que solo Dios era digno. A medida que disfrutes de tu tiempo en tu trono, harás bien en mantener tu enfoque y el de los demás en los intereses de Dios y no te confundas en cuanto a por qué Él te puso donde estás. Si haces eso, entonces prosperarás y no solo sobrevivirás mientras expresas tu tarea única y dada por Dios.

CONSEJO DEL TRONO
MIENTRAS TE SIENTAS EN TU
TRONO DE VIDA CON PROPOSITO,
NO SE TRATA DE TI, SE TRATA DE
DIOS QUE TE PUSO ALLI PARA QUE
PUEDAS SERVIR A SUS INTERESES.
ESOS INTERESES IMPLICAN QUE
SIRVAS Y EMPODERES A OTROS A
TRAVES DEL LUGAR DE INFLUENCIA
Y AUTORIDAD QUE DIOS TE HA
OTORGADO.

ESTUDIO 52

DEJA DE CORRER

Cuando la gente me pregunta cómo hago lo que hago, les digo que dejé de hacer lo que no puedo hacer para concentrarme el mayor tiempo posible en lo que hago mejor. Luego lo califico diciendo: "El problema es que hago muy pocas cosas bien". Con esto, quiero decir que tengo algunos dones, pero me faltan mucho en muchas áreas, por lo que necesito estar con muchas otras personas que puedan hacer las cosas que yo no puedo si voy a tener éxito. Lo mismo fue cierto para David y también es cierto para ti.

David no podría haber hecho lo que hizo sin estar rodeado de personas capaces y talentosas. Aquellos hombres eran tan hábiles que la Biblia menciona sus nombres y describe algunas de sus hazañas. De hecho, formaban parte de un grupo de élite titulado 'Los Hombres Poderosos de David'. En esta penúltima entrada, veamos a uno de esos hombres poderosos llamado Eleazar para ver qué tenía que hacer para mantener su trono o ganarse su lugar entre los guerreros de élite de David.

BURLÁNDOSE DEL ENEMIGO

Si bien todos estos estudios se han centrado en David, leamos sobre Eleazar para ver qué podemos aprender de él sobre cómo mantener la herencia y el lugar que Dios tiene para nosotros:

Después de este, Eleazar hijo de Dodo, ahohíta, uno de los tres valientes que estaban con David cuando desafiaron a los filisteos que se habían reunido allí para la batalla, y se habían alejado los hombres de Israel. Este se levantó e hirió a los filisteos hasta que su mano se cansó, y quedó pegada su mano a la espada. Aquel día Jehová dio una gran victoria, y se volvió el pueblo en pos de él tan solo para recoger el botín (2 Samuel 23:9-10).

¿Alguna vez has hecho declaraciones audaces que no pudiste respaldar con acciones? Parece que los hombres de David hicieron eso en esta ocasión en particular, burlándose del enemigo pero luego retirándose cuando el enemigo avanzó. Si vas a mantener tu trono, tienes que respaldar tus palabras con pasos firmes y manteniendo tu terreno. Eso es lo que hizo Eleazar y el Espíritu lo consideró digno de registrar sus esfuerzos para la posteridad. Eleazar dejó de correr, se mantuvo firme y luchó tanto tiempo y con tanta fuerza que su mano se congeló en la forma de la espada que sostenía.

HORA DE PONERSE DE PIE

Es fácil jactarse de lo poderoso que es Dios y proclamar los versículos 1 Juan 4:4b: "porque mayor es el que está en vosotros, que el que está en el mundo", o "Todo lo puedo en Cristo que me fortalece" (Filipenses 4:13). Es mucho más difícil caminar por esas verdades cuando te enfrentas a enemigos aparentemente invencibles como la duda, el miedo, la falta de recursos, el desánimo, los errores, la falta de apoyo de los demás y oponentes poderosos que no quieren que hagas la voluntad de Dios.

La tentación entonces es huir, al menos en tu mente, encontrando alguna excusa conveniente para justificar tu dilación o retirada. En algún momento,

Eleazar dejó de correr y se mantuvo firme. Sin embargo, tuvo que estar solo, aunque sus compañeros finalmente regresaron no para luchar, sino para ayudar a reunir parte del botín de la victoria para ellos mismos.

Si vas a ganar y mantener tu trono, tendrás que hacer algo más que hablar. Hablar es bueno, pero luego debes respaldar tus afirmaciones de fe con acciones de fe, a veces frente a lo que parecen obstáculos insuperables. **¿Has estado huyendo de tu trono porque la batalla es demasiado dura? ¿Es hora de que tomes una posición y digas: "Aquí es donde Dios me quiere? Esto es lo que Él quiere que haga", y luego hacerlo a largo plazo con toda la fuerza que Dios proporciona?**

Eleazar luchó tanto tiempo y tan duro que cuando fue a dejar su espada, no pudo hacerlo. Los músculos de su mano habían asumido la forma del mango de su espada. Eso es lo que se necesita para mantener tu trono, pero si estás dispuesto a pagar el precio, entonces tú también serás contado entre los guerreros de Dios cuyo testimonio, como el de Eleazar, proveerá aliento e inspirará a muchos otros.

CONSEJO DEL TRONO
SI VAS A GANAR Y MANTENER
TU TRONO, TENDRAS QUE HACER
ALGO MAS QUE HABLAR. HABLAR
ES BUENO, PERO LUEGO DEBES
RESPALDAR TUS AFIRMACIONES
DE FE CON ACCIONES DE FE, A
VECES FRENTE A LO QUE PARECEN
OBSTACULOS INSUPERABLES.

ESTUDIO 53

SIN REGALITOS

Al concluir esta serie, les recuerdo el título de este libro: *Tu Trono: Vivir el Propósito que Dios Tiene para Ti*. Todos estos estudios han sido diseñados para ayudarte a comprender lo que debes hacer una vez que conozcas tu propósito y comenzar a cumplirlo. Lo he definido como tu trono, el lugar donde das fruto e impactas la vida de los demás, un lugar donde oras y obtienes respuestas, donde Dios te ha dado cierta medida de poder y autoridad sobre la obra a la que te ha llamado. Esto me hace pensar en Efesios 2:6-7:

> Y juntamente con él nos resucitó, y asimismo nos hizo sentar en los lugares celestiales con Cristo Jesús, para mostrar en los siglos venideros las abundantes riquezas de su gracia en su bondad para con nosotros en Cristo Jesús.

En este estudio final, vamos a 2 Samuel 24 para leer una historia inusual y horrible del pecado de David cuando contó las tropas, lo que llevó a la ira de Dios y a la muerte de 70,000 personas antes de que David llamara a Dios para que detuviera su juicio. Luego construyó un altar, al que Dios respondió y detuvo la pestilencia. La lección principal de la historia es que el pecado tiene consecuencias, pero Dios, en su misericordia, ha provisto formas para que evitemos el castigo por el pecado a través del sacrificio de Cristo. El versículo que queremos ver es 2 Samuel 24:24: "Y el rey dijo a Arauna: No, sino por precio te lo compraré; porque no ofreceré a Jehová mi Dios holocaustos que no me cuesten nada. Entonces David compró la era y los bueyes por cincuenta siclos de plata".

UN PRECIO A PAGAR

Cuando David decidió construir su altar, un profeta le indicó a David dónde ir para comprar la tierra. Era propiedad de un hombre llamado Arauna, que quería donar la tierra junto con los animales y otros suministros para el altar y los sacrificios en el. Tal vez quería ganarse el cariño de David y esperaría algo a cambio o tal vez su corazón estaba dispuesto a servir, pero en cualquier caso, David rechazó su oferta porque sabía que nadie más podría rectificar esta situación. David sabía que era *su* pecado y que tenía que ser *su* sacrificio corregir el problema.

Este versículo me recuerda un versículo de Proverbios que dice: "Compra la verdad, y no la vendas; la sabiduría, la enseñanza y la inteligencia" (Proverbios 23:23). Si bien la gracia y la salvación de Dios son gratuitas, no son baratas. Alguien pagó el precio para que los recibieras y ese alguien es Cristo. Entonces, si bien puedes acceder a esos dones cuando los necesite, una vez que los tengas, hay un precio que pagar para entrar en el propósito para el cual vino la gracia y la salvación de Dios.

¿QUÉ PRECIO ESTÁS DISPUESTO A PAGAR?

La gente a menudo me pregunta cómo puedo escribir tanto tan rápido. Mi respuesta habitual es: "Una página y un día a la vez. La habilidad no desciende de lo alto como parte de la Jerusalén celestial". En otras palabras, tengo que trabajar en ello. Es cierto que cada vez que escribo, experimento la gracia de Dios, pero al mismo tiempo, tengo que dedicar tiempo a escribir y, espero, mejorar a medida que lo hago. Siempre ofrezco mis escritos a Dios para que los use para Sus propósitos, pero al igual que David, estoy ofreciendo algo que me costó algo.

El precio de mi escritura es el tiempo que debo invertir que no puedo dedicar a otras actividades. Es estar involucrado en algo que la mayoría de la gente no comprará o a lo que no prestará atención, incluso cuando es gratis. A veces cubro los costos de publicación con mis propios fondos. A menudo regalo mi experiencia y labor de consultoría y el fruto de mi trabajo a aquellos que podrían pagar, pero eligen no hacerlo, pero Dios aún quiere que invierta en ellos.

Esto lleva a la simple pregunta: **"¿Qué precio estás dispuesto a pagar para entrar en lo que Dios tiene para ti?" ¿Estás buscando un atajo o un obsequio que no cueste mucho o que cueste algo? ¿Estás dispuesto a dedicar tiempo al campo misionero, a tus estudios o a tu ministerio para ser lo mejor que puedas ser?** David sabía que solo la gracia de Dios cortaría la furiosa pestilencia. Se había entregado a la locura, pero era hora de hacer algo significativo porque era un asunto serio.

También debes reconocer que tu propósito y creatividad fueron comprados a un precio y son asuntos serios con implicaciones eternas. Si quieres ocupar tu trono, debes tratarlos con respeto y dedicarte a su desarrollo. Si lo haces, entonces demostrarás que reconoces que Dios no tenía que usarte, pero lo hace, y quiere hacerlo aún más. Y luego no tendrás *que* sacrificarte para que eso suceda, podrás hacerlo y los resultados serán evidentes para cualquiera que tome su tiempo por mirar. Tendrás el gozo del Señor y ese gozo te fortalecerá para hacer más de lo que creías posible al sentarte en el trono de propósito que es exclusivamente tuyo.

CONSEJO DEL TRONO
DEBES RECONOCER QUE TU
PROPOSITO Y CREATIVIDAD
FUERON COMPRADOS A UN
PRECIO Y SON ASUNTOS SERIOS
CON IMPLICACIONES ETERNAS.
SI QUIERES OCUPAR TU TRONO,
DEBES TRATARLOS CON RESPETO Y
DEDICARTE DILIGENTEMENTE A SU
DESARROLLO.

27 LECCIONES DE CONSEJO DEL TRONO PARA QUE RECUERDES

27.

TU TRONO NO ES UN JUEGO, SINO QUE ES UN ASUNTO SERIO PARA QUE PUEDAS LOGRAR LA ASIGNACION DE DIOS PARA TI. ESTO PUEDE IMPLICAR MANTENERTE FIRME Y LUCHAR CONTRA LAS FUERZAS ESPIRITUALES QUE PUEDEN OBSTACULIZAR U OPONERSE A LA OBRA QUE DIOS HA ESTABLECIDO QUE HAGAS.

28.

LAS PERSONAS (Y ESO TE INCLUYE A TI) SIGUEN SIENDO "VASIJAS DE BARRO" QUE TE DECEPCIONARAN E INCLUSO TE IGNORARAN O TRAICIONARAN CUANDO SUS PROPIOS INTERESES SE VEAN

AMENAZADOS. POR LO TANTO,
DEBES APRENDER A SERVIR Y
GUIAR A LAS PERSONAS SIN
ESPERAR EN ELLAS PARA QUE
HAGAN LO QUE SOLO DIOS PUEDE
HACER.

29.

COMO HAY MUCHO QUE EMULAR
EN LA VIDA DE DAVID, HAY
MOMENTOS EN LOS QUE ABUSO
DE SU POSICION Y AUTORIDAD. ES
POR ESO QUE ES MEJOR SEGUIR
A JESUS, EL REY PERFECTO, SI
QUIERES ESTABLECER Y MANTENER
TU TRONO.

30.

DEBES ESFORZARTE POR
APROVECHAR AL MAXIMO TU
TIEMPO DE PREPARACION ANTES
DE QUE FINALMENTE LLEGUES A
DONDE DIOS QUIERE QUE ESTES,
HACIENDO LO QUE ÉL QUIERE QUE
HAGAS.

31.

NO PUEDES OBLIGAR A OTROS A
SEGUIRTE, PERO PUEDES CONFIAR
EN QUE DIOS LE ABRIRA LOS OJOS
A TUS 'SEGUIDORES'. TU TRABAJO

ES ACEPTAR A ESAS PERSONAS Y
SER FIEL PARA GUIARLOS DESDE TU
TRONO, TU LUGAR DE PROPOSITO Y
AUTORIDAD.

32.

CUANDO ESTAS FUNCIONANDO EN
TU PROPOSITO, TENDRAS SABIDURIA
Y PERSPICACIA QUE CREES QUE
ES DE SENTIDO COMUN, PERO NO
ES COMUN: ES POCO COMUN Y
UNICO PARA TI. SIN EMBARGO, LA
PERSPICACIA NO ES SUFICIENTE,
YA QUE DEBE IR ACOMPAÑADA DE
ACCION SI QUIERES MAXIMIZAR TU
TIEMPO E IMPACTO EN TU TRONO.

33.

INCLUSO CUANDO LLEGUES A TU
TRONO, TODAVIA TENDRAS QUE
PELEAR BATALLAS MIENTRAS
BUSCAS NO SOLO MANTENER, SINO
EXTENDER TU INFLUENCIA PARA
QUE PUEDAS DAR FRUTO. NO TE
RINDAS Y ACEPTA EL HECHO DE
QUE APRENDER A GOBERNAR Y
REINAR ES UN PROCESO GRADUAL
QUE DURA TODA LA VIDA.

34.

ORA, PERO NO TE CONFORMES

CON EL RITUAL DE LA ORACION. EN LUGAR DE ESO, BUSCA ESTABLECER UNA RELACION BIDIRECCIONAL CON EL SEÑOR A TRAVES DE LA CUAL ÉL ESCUCHE Y RESPONDA TUS ORACIONES MIENTRAS TU OBEDECES LO QUE ÉL TE HABLA DURANTE TUS TIEMPOS DE ORACION.

35.

PUEDES SER SINCERO, PERO ESTAR SINCERAMENTE EQUIVOCADO. LA SINCERIDAD NO ES EL ASPECTO MAS IMPORTANTE PARA REINAR EN TU TRONO, PERO LAS ACCIONES CORRECTAS SI LO SON. ASEGURATE DE QUE TU CELO Y ENTUSIASMO ESTEN BIEN CIMENTADOS EN LA OBEDIENCIA Y LA SABIDURIA.

36.

TU TRONO DE PROPOSITO ES EXTENDER EL REINO DE DIOS DONDEQUIERA QUE EXPRESES TU PROPOSITO Y CREATIVIDAD. SI BIEN DEBERIA TENER ALGUN IMPACTO EN LA EDIFICACION DE LA IGLESIA, TU ENFASIS PRINCIPAL PUEDE ESTAR EN ALGUNA OTRA ESFERA

DE LA VIDA DONDE SE NECESITE EL
GOBIERNO DE DIOS.

37.

CUANDO ESTES SENTADO EN TU
TRONO, HACIENDO AQUELLO PARA
LO QUE FUISTE CREADO, TENDRAS
UNA ENERGIA DIVINA QUE TE
PERMITE HACER MAS DE LO QUE
CREIAS POSIBLE. ¡ESO ES PORQUE
ESTAN EN ASOCIACION CON DIOS Y
HAY DOS DE USTEDES HACIENDO EL
TRABAJO!

38.

A DIOS LE INTERESA EL
CRECIMIENTO. UNA VEZ QUE
ACEPTES ESA REALIDAD, DEBES
ORIENTAR TU VIDA HACIA ESE
FIN Y EN ALGUN MOMENTO
PRESTAR ATENCION A COMO VAS
A ORGANIZAR TUS ESFUERZOS
Y FRUTOS PARA QUE PUEDAS
MAXIMIZAR EL TIEMPO EN TU
TRONO.

39.

DIOS A MENUDO USARA A ALGUIEN
QUE ES UN MAL LIDER PARA
ENSEÑARTE COMO SER UNO
BUENO. LUEGO DEBES APLICAR LO

QUE APRENDISTE AL NO REPLICAR
LO QUE TE HICIERON MIENTRAS
OCUPAS TU TRONO.

40.

SI QUIERES AFERRARTE A LO QUE
DIOS TE HA DADO, DEBES ESTAR
DISPUESTO A LUCHAR TANTAS
VECES COMO SEA NECESARIO.
ESO IMPLICA FE Y ORACION,
PERO TAMBIEN TOMAR ACCIONES
DISEÑADAS PARA OPONERSE A LAS
FUERZAS QUE QUIEREN ROBAR,
MATAR O DESTRUIR LO QUE DIOS
TE HA DADO O QUIERE DARTE.

41.

SI QUIERES APROVECHAR AL
MAXIMO EL TIEMPO EN TU TRONO,
VE TU OPORTUNIDAD NO COMO
UNA OCASION PARA SERVIR A TUS
PROPIOS INTERESES, SINO MAS
BIEN A LOS INTERESES DE LOS
DEMAS. CUANDO ESTAS ENFOCADO
EN LOS DEMAS, REALMENTE ESTAS
ENFOCADO EN DIOS.

42.

TU TIEMPO EN TU TRONO SERA
ESTIMULANTE, PERO TEN EN
CUENTA QUE NO ERES PERFECTO

Y COMETERAS ERRORES. CUANTO ANTES RECONOZCAS ESOS ERRORES Y APRENDAS DE ELLOS, RAPIDAMENTE DIOS PODRA HACER QUE OBREN PARA BIEN MIENTRAS CONTINUAS TU REINADO.

43.

PUEDES CONTAR CON LA GRACIA DE DIOS, QUE TE HARA LIBRE, NO PARA ACTUAR VOLUNTARIAMENTE, SINO PARA SER TU MISMO. PUEDES ACERCARTE A DIOS TAL COMO ERES, CONFESANDO LO QUE HAS HECHO O LO QUE NECESITAS, Y CIERTAMENTE PUEDES CONTAR CON SU GRACIA.

44.

JESUS ERA Y ES ACCESIBLE A TODOS, Y AHORA ESPERA QUE TU SEAS IGUAL. SI QUIERES MAXIMIZAR NUESTRO TIEMPO EN TU TRONO, ENTONCES PONTE A DISPOSICION DE LAS PERSONAS PARA RESPONDER A SUS PREGUNTAS, COMPARTIR TUS DONES Y SATISFACER SUS NECESIDADES.

45.

DURANTE TU REINADO, HABRA

BUENOS Y MALOS MOMENTOS. ESOS
MOMENTOS TE ENSEÑAN QUE LOS
DESAFIOS LLEGARON PARA QUE
"LA VIDA DE JESUS SE MANIFIESTE
EN [TU] NUESTRO CUERPO". TUS
TIEMPOS DIFICILES HARAN LO
MISMO, PERO SOLO SI MANTIENES
EL RUMBO, INCLUSO CUANDO
EL RUMBO ES ROCOSO O POCO
CLARO.

46.

SI ALGUIEN TE AMENAZA O TE
FALTA EL RESPETO, HAZ LO QUE
PUEDAS PARA PROTEGERTE, PERO
TEN EN CUENTA QUE DIOS PUEDE
ESTAR ENSEÑANDOTE ALGO A
TRAVES DE LA PRUEBA. ESA
LECCION PUEDE SER TU NECESIDAD
CONTINUA DE CONFIAR EN ÉL NO
SOLO PARA LA PROVISION SINO
PARA LA PRESERVACION DE LO QUE
ÉL HA PROVISTO.

47.

TU DESARROLLO PERSONAL NO
SOLO OCURRIO EN EL CAMINO
HACIA TU TRONO, SINO QUE
CONTINUA MIENTRAS TE SIENTAS
EN TU TRONO. SI CONTINUAS

APRENDIENDO Y CRECIENDO, DIOS PODRA USARTE DURANTE TODOS LOS DIAS DE TU TIEMPO EN EL TRONO. SI TE NIEGAS, ENTONCES EL IMPACTO DE TU TRONO SERA LIMITADO.

48.

SI VAS A SENTARTE Y PERMANECER EN EL TRONO DE LIDERAZGO QUE DIOS TE DA, TENDRAS QUE APRENDER A LIDIAR CON TUS DETRACTORES, Y TENDRAS VARIOS. MANTEN A DAVID Y A JESUS ANTE TI COMO TUS MODELOS DE COMO TRATAR A LOS QUE TE MALTRATAN O TE FALTAN EL RESPETO Y PERMITE QUE DIOS PELEE TUS BATALLAS

49.

SI VAS A MANTENER TU TRONO, EL LUGAR DE LIDERAZGO Y PRODUCTIVIDAD QUE DIOS TE HA ASIGNADO, TENDRAS QUE TRABAJAR PARA MANTENER TU ACTITUD Y TU CORAZON LIBRES DE MAL USO DEL PODER QUE POSEES. LA UNICA FORMA DE QUE TU EXITO NO SE TE SUBA A LA CABEZA ES

SERVIR A LOS DEMAS.

50.

ACEPTA LA REALIDAD DE QUE UN DIA TU TIEMPO EN EL TRONO LLEGARA A SU FIN. ESTA DISPUESTO A ACEPTAR TUS LIMITACIONES Y HAZ LO QUE PUEDAS PARA ASEGURARTE DE QUE TU INFLUENCIA CONTINUE A TRAVES DE LOS DEMAS. ESO PUEDE INCLUIR CAPACITACION Y HACER ESPACIO PARA TU(S) SUCESOR(ES).

51.

MIENTRAS TE SIENTAS EN TU TRONO DE VIDA CON PROPOSITO, NO SE TRATA DE TI. SE TRATA DE DIOS QUE TE PUSO ALLI PARA QUE PUEDAS SERVIR A SUS INTERESES. ESOS INTERESES IMPLICAN QUE SIRVAS Y EMPODERES A OTROS A TRAVES DEL LUGAR DE INFLUENCIA Y AUTORIDAD QUE DIOS TE HA OTORGADO.

52.

SI VAS A GANAR Y MANTENER TU TRONO, TENDRAS QUE HACER ALGO MAS QUE HABLAR. HABLAR ES BUENO, PERO LUEGO DEBES

RESPALDAR TUS AFIRMACIONES
DE FE CON ACCIONES DE FE, A
VECES FRENTE A LO QUE PARECEN
OBSTACULOS INSUPERABLES.

53.

DEBES RECONOCER QUE TU
PROPOSITO Y CREATIVIDAD
FUERON COMPRADOS A UN
PRECIO Y SON ASUNTOS SERIOS
CON IMPLICACIONES ETERNAS.
SI QUIERES OCUPAR TU TRONO,
DEBES TRATARLOS CON RESPETO Y
DEDICARTE DILIGENTEMENTE A SU
DESARROLLO.

MANTENTE EN CONTACTO CON JOHN W. STANKO

www.purposequest.com
www.johnstanko.us
www.stankobiblestudy.com
www.stankomondaymemo.com

o vía email at
johnstanko@gmail.com

John también realiza un extenso trabajo
de ayuda y desarrollo comunitario en Kenia.
Puedes ver algunos de sus proyectos en
www.purposequest.com/contributions

Purpose Quest International
PO Box 5044
Williamsburg, VA 23188-5200

TÍTULOS ADICIONALES DE JOHN W. STANKO

Ediciones en Inglés

A Daily Dose of Proverbs
A Daily Taste of Proverbs
Changing the Way We Do Church
I Wrote This Book on Purpose
Life Is A Gold Mine: Can You Dig It?
Strictly Business
The Faith Files, Volume 1
The Faith Files, Volume 2
The Faith Files, Volume 3
The Leadership Walk
The Price of Leadership
Unlocking the Power of Your Creativity
Unlocking the Power of Your Productivity
Unlocking the Power of Your Purpose
Unlocking the Power of You
What Would Jesus Ask You Today?
Your Life Matters

Live the Word Commentary: Matthew
Live the Word Commentary: Mark
Live the Word Commentary: Luke
Live the Word Commentary: John
Live the Word Commentary: Acts
Live the Word Commentary: Romans
Live the Word Commentary: 1 & 2 Corinthians
Live the Word Commentary: Galatians, Ephesians,
Philippians, Colossians, Philemon
Live the Word Commentary: 1 & 2 Thessalonians,
1 & 2 Timothy, and Titus
Live the Word Commentary: Hebrews
Live the Word Commentary: Revelation

www.ingramcontent.com/pod-product-compliance
Lightning Source LLC
Chambersburg PA
CBHW072026040426
42447CB00009B/1756